獲利滾存股 養出百萬搖錢樹

我的零成本存股術 ②

星風雪語（星大）◎著

/Chapter 1 把握獲利時機 加速累積資產

/Chapter 2 遵循選股策略 適時逢低布局

Chapter 3　透過實戰應用　強化投資知識

§/Chapter 4 活用投資工具 創造多元收益

自序 ▶ 邁向財務健全的道路

　　首先，感謝大家對我上一本書《我的零成本存股術》的喜愛。這是我第一本出版的著作，也讓我從單純的上班族、理財投資者，瞬間多了作家的身分。該書自 2015 年 7 月上市至今已逾 6 年，我現在還是會收到讀者來信與 FB 私訊分享此書對他們的影響與改變。很高興這本書對於計畫開始理財投資的讀者有所幫助。

　　在和讀者交流書中理財投資的概念、操作方式及心得的過程中，雖偶爾讀者還是會有「該買什麼？」「何時能賣？」這類的問題，但更多的是讀者們自己操作過程中遇到的困難，與對《我的零成本存股術》這本書中，一些操作方法的疑義。這也讓我明白，我上一本書撰寫的內容，尚有未明之處。在讀者朋友們的回饋及家人的鼓勵下，產生了撰寫第 2 本書《我的零成本存股術 2：獲利滾存股　養出百萬搖錢樹》的基礎架構與動機。

本書中的內容較偏重在投資操作思考及執行的分享與紀錄，例如如何從口袋名單中找到價差操作的標的、預估獲利的方式，以及價格區間隨著資訊變動與時間的推移進行滾動式調整，到最後本金及零成本部位的資金該如何進行重分配等。也因此，感謝本書的企畫周明欣，花費大量的時間與精力，將書中龐大的資訊、數據、時間、計算內容等，一遍遍地驗算數字、編排調整及新增註解，以期能夠將我想表達的內容，盡可能完整的呈現。歷經了千辛萬苦，在精進數算計算能力中，終於使本書得以問世。

市場上投資操作的方式百百種，但萬法不離其宗，雖操作方式有所差異，基本觀念卻都一樣。投資人與其追求萬法，期待在投資中可以做到面面俱到，倒不如依據自己身處的環境以及擁有的資源，執行符合自身實際需求的投資操作策略，這樣才能較容易地達到自己想要的投資結果。

有些人會好奇，問我是否想過：「如果仍是只存不賣的存股模式，會不會賺更多？」這答案其實我也不知道！因為投資沒有如果。我只知道這些年依照自己的投資操作紀

律,透過價差收益、零成本存股領息的方式,終於實現太
座多年來離開職場專心陪孩子的心願,且在 2018 年 8 月
購買的預售屋交屋後,也算是完成「五子登科」(車子、
妻子、孩子、房子、金子)的人生階段。

　　在這邁向財務健全的道路上,以目前的收穫來看,雖沒
有幼時對千萬富翁嚮往那般——買東西不用看價錢的生活,
但對於每年逾 150 萬元的家庭開銷,以每年從股市中提出
的資金及工作收入來支應,還算是游刃有餘。也因此,對
我來說,利用「零成本存股術」持續進行投資操作,一來
能讓我在有資金需求時有錢用,二來還能持續地累積資產,
一切仍是朝著規畫的方向發展。

　　對於未來的目標,除了按部就班繳納房貸外,目前繼續
依照自己的投資操作紀律,朝著「家人每人每年 50 萬元
基本收益」的目標前進,加上未來還有換屋、換車的需求,
看來這條理財投資的道路還有一段不短的路要走,途中不
免持續地增添新的目標,人生真是永遠充滿了挑戰啊!最
後,感謝家人願意一起努力,互相扶持的走在這財務健全
的道路上,相信未來的生活將會愈來愈美好。

▲ 讓太座（左1）、大女兒（右1）和小女兒（左2）臉上能夠充滿笑容，是我深耕投資理財最大的動力。

恩汎理財投資團隊創辦人 星風雪語

把握獲利時機
加速累積資產

1-1 適當調整資金配置 達成收益目標

　　不知道大家是否有想過,自己是一位怎麼樣的投資人呢?其實在投資這條路上,每個人都有適合自己的一套投資理念、操作方式,這些都是透過投資知識的涉獵,投資獲利、虧損的經驗累積,最後逐漸構築而成。要說哪一種投資方式比較好?其實只要自己能夠持續做到,且還是有正向結果的投資方式,那就是對自己最好。

　　我的投資方式著重在資金的配置,也就是透過持股比重的調整,達到自己所要求的收益水準,這個收益包括股利收益與價差收益,因此,所選擇持有的成分股,自然就會對其基本的營運、獲利表現,以及未來的成長性有所要求。

視股利、殖利率變化調整持股──以裕民為例

　　例如自 2019 年起開始存的航運股裕民(2606),

2020 年因為受到新冠肺炎疫情（COVID-19）影響，營
運獲利衰退。2021 年 3 月，裕民宣布配發 1.2 元現金股
利，以當時情況來看，雖然因為 2020 年低基期，且散裝
航運指數也未如過去 2 年般自第 4 季走弱，表現尚可，但
現金殖利率僅約 3.24%（以當時股價約 37 元計算）。

　為了維持每年現金股利收入的穩定、成長，以及整個投
資組合兼具成長性，在推估台泥（1101）應會配發 3 元
現金股利（以股價 43.5 元計算，殖利率約 6.9%），且
2021 年水泥產業的展望並不差、台泥營運獲利預期也是
能持續成長的情況下，便透過資金配置，將部分的資金轉
至台泥。當時的操作概念如下：

概念1》確認原有投資組合
　假設投資目標為「年領現金股利 25 萬元以上」，則原
本的投資組合中，2020 年裕民配發 1.9 元現金股利，當
年度的股利收益達 26 萬 1,000 元，符合需求（詳見表1）。

概念2》發現裕民配息較去年減少，故調整投資組合
　2021 年 3 月，裕民公布配息政策後，現金股利從

表1	星大2020年股利收益達26萬1000元			
2020年星大原本的投資組合				
標的（股號）	平均持有成本（元）	股數（股）	配息（元）	股利（元）
裕民（2606）	30	90,000	1.9	171,000
其他	30	50,000	1.8	90,000
股利總計				261,000

2020年1.9元下降至1.2元，在持有股數不變的情況下，整體現金股利也跟著下降至19萬8,000元，未滿25萬元（為簡化計算，假設其他部分的配息與2020年相同）。

　　為求達到年領25萬元現金股利的目標需求，此時在37元左右賣出40張的裕民，得148萬元（＝37元×40張×每張1,000股），轉進股價43.5元、營運獲利展望亦是成長的台泥34張（＝148萬元÷43.5元÷每張1,000股），整體現金股利回升到25萬2,000元，符合了基本的現金股利目標（詳見表2）。

　　要注意的是，這樣的操作，雖然是為了讓整體的現金股利能高於25萬元，但卻不是為了找殖利率高於幾％的股

表2　裕民股利降至1.2元，將部分資金轉進台泥

2021年星大調整前的投資組合

標的（股號）	平均持有成本（元）	股數（股）	配息（元）	股利（元）
裕民（2606）	30.0	90,000	1.2	108,000
其他	30.0	50,000	1.8	90,000
股利總計				198,000

2021年星大調降裕民（2606）持股數後的投資組合

標的（股號）	平均持有成本（元）	股數（股）	配息（元）	股利（元）
台泥（1101）	43.5	34,000	3.0	102,000
裕民（2606）	30.0	50,000	1.2	60,000
其他	30.0	50,000	1.8	90,000
股利總計				252,000

註：1.裕民因股利下降至1.2元，使得整體股利收益低於目標；2.表中台泥配息3元為當時的預估值

票而做調整，依然是要從當年度營運、獲利成長，且換算股價區間後，其股價仍處於區間相對低至中間值之間的標的中，來挑選作為轉換的標的。

概念3》發現裕民殖利率下降，再度調整投資組合

在公布配息政策之後，雖然後續裕民沒有因為殖利率低

而有失望性賣壓,反而股價狂飆至最高 73.7 元,但在其股價漲過 60 元後,殖利率已經降至 2%。以當時持有平均成本約 30 元左右計,光價差收益已逾 100%。

因此,我除了陸續地出脫手中剩餘的裕民持股外,還將投資裕民的本金轉投資當時殖利率 4.5% 的台虹(8039),並將一半的獲利部位轉投資殖利率 4.2% 的欣天然(9918),剩下一半的獲利部位則以現金方式持有(詳見表 3)。

從前述內容可以看出,資產組合經過調整後,不僅生活中多了可應用的現金,且整體現金股利也較先前提升,來到 28 萬 9,900 元。之後更因為台泥公布配發 3.5 元現金股利,使得整體現金股利增加到 30 萬 6,900 元(註 1)。

也許有人會問:「如果裕民不賣,抱到 70 元以上不就賺更多?」的確沒錯!如果當初沒有因為現金股利下滑而移轉裕民,則至 2021 年 4 月 29 日止,以裕民股價在此期間最高達 73.7 元來計算,股票市值可達 663 萬元。而移轉後的台泥,股價最高到 58.7 元、台虹股價最高到 59.4

表3 **裕民殖利率降至2%，資金轉進台虹、欣天然**
2021年星大賣出裕民（2606）後的投資組合

標的（股號）	平均持有成本（元）	股數（股）	配息（元）	股利（元）
台　泥（1101）	43.5	34,000	3.0	102,000
台　虹（8039）	55.0	27,000	2.5	67,500
欣天然（9918）	38.4	19,000	1.6	30,400
其他	30.0	50,000	1.8	90,000
股利總計				289,900

註：1. 台泥因為配息較原本裕民高，在同等資金下，拉高股利收益，使得整體股利收益達到目標；2. 由於欣天然是用賣掉裕民所得到的一半獲利來買進，故其所領到的股利3萬400元即為「獲利領息」的概念，也就是零成本部位領息；3. 表中台泥配息3元為當時的預估值

元、欣天然算它股價都沒動（同樣是 38.4 元）好了，這部分資產市值加計領出的現金不過約 508 萬元，和繼續持有裕民相比，差了 155 萬元（＝ 663 萬元－ 508 萬元）。

但別忘了，在當時如何能知道何時是裕民股價發動的時

註1：表1～表3台泥的配息都是我用預估值3元計算，若改用台泥實際配發的3.5元計算，則台泥的股利為11萬9,000元，整體股利變成30萬6,900元。

間？事後諸葛沒有意義，既然股價的變動時間並非我們能夠掌控，我們能掌握的只有在得知營運獲利可以成長，而目前股價處於相對低檔時，所做出能夠將手上現有資金收益最大化的配置，這可是相較於不確定的股價變化，更為確定整體收益的操作方式。

所以，比起說自己是主動投資／投機者，又或者說自己是個存股型的股票投資人，自認更像只是一個將有限資金做有效分配，以期達到自己設定的目標的資金配置者。

若想達成投資目標，必須先釐清2個問題

前面已經介紹了我是一位怎麼樣的投資人，接著想和大家聊聊，要怎麼達到自己設定的目標。我認為投資人若想達到自己設定的目標，首先必須要釐清「怎樣算是獲利？」與「參加除權息要等填權息才算賺？」這 2 個問題。

問題1》怎樣算是獲利？

在投資市場中，怎樣算是獲利？當收到股利、孳息時，算獲利嗎？

就總市值的觀點來看，「配息不過是左手換右手，算不得獲利。」例如以每股 10 元投資 A 股票 1,000 股來看，總投入資金為 1 萬元，當年度配發 0.5 元現金股利，收到股利 500 元。但除權息時股價會降至 9.5 元，總投入資金降為 9,500 元，加計收到的 500 元，總資金價值還是 1 萬元，因此配息只能算是資金從左手換到右手，並沒有實際獲利。

但就資金實質效益來說，答案可就不一樣了。原本投入股市的 1 萬元，在沒收到股利前，投資人是無法使用的，也就是投資人並無法再利用這 1 萬元做其他的事。

但在配息後，情況變了，投資人手上從原本的「沒有現金，持有 1,000 股 A 股票」，變成「持有現金 500 元，且持有 1,000 股 A 股票」，配息政策成了投資人資金活化的工具。

再者，雖然以不影響總市值的觀點來看除權息這件事情，投資人參與配息看起來似乎並沒有獲利，總資產沒有成長，但如果將價格波動的因素考量進去，又會是不同的觀點。

例如當 A 股票漲到 12 元時，同樣配發 0.5 元現金股利，參與除權息的投資人，雖然市價降至 11.5 元，但卻能在不賣出持股的情況下（持股仍是 1,000 股），直接從市場領取 500 元的現金。

即使配息後股價跌到 10 元以下，但只要投資標的不倒閉，持續獲利、配息，投資人便可以持續領取股利。

而在投資標的繼續經營，投資人沒有賣出持股的前提下，股價波動所造成的「未實現利益」及「未實現損失」都是沒有意義的。且當投資人從市場中領取累計達投入總金額的現金股利後，此後再取得的現金股利，就都會是淨賺的。投資標的配息多久，就領多久，獲利持續成長。

因此，怎樣算是獲利？我認為不用刻意去計算單次投資所產生的未實現利益／損失，也不用刻意計算報酬率，只要投資人從投資市場取得的總收入大於總投入，總資產得以成長，這樣就是獲利了！

同樣的觀念也可應用在投資債券基金上。從圖 1 中可以

圖1 **投資債券基金總報酬率為60.947%**
2010年～2021年基金庫存資產及預估損益

基金庫存資產及預估損益

基金帳號 基金名稱	投資起始日	信託幣別 / 性質 累計信託本金	計價幣 / 市值日 累計單位數	參考價格 手續費	預估市價總值 累計配息	不含息費之預估損益 / 報酬率 含息費之預估損益 / 報酬率
902FN047974 0939 聯博全高收A T歐元息	99/06/10	EUR / 單筆 2,100.00	EUR 110/08/31 594.9010	3.2000 18.59	1,903.68 1,506.13	-196.32 -9.349% 1,291.22 60.947%

	幣別	累計信託本金 累計費用			預估市價總值 累計配息	不含息費之預估損益 含息費之預估損益	不含息費之報酬率 含息費之報酬率
合計							
	EUR	2,100.00 18.59			1,903.68 1,506.13	-196.32 1,291.22	-9.349% 60.947%

資料來源：星大的臺灣銀行基金對帳單

看到，投入的總資金是 2,100 歐元（約合新台幣 7 萬元），這就是投入的成本。自 2010 年至 2021 年這 11 年間領取了 1,506.13 歐元的配息，這還不能算是實際報酬率 71.72%，因為有價格的減損損失 196.32 歐元，所以總報酬率降為 60.947%，這就是常提的總報酬率概念。

但若總領息超過 2,100 歐元的時候呢？這時就沒有價格減損的問題了，即使投資標的被清算下市，在取得總收入大於總投資金額下，都已經沒有賠的問題了；若是這 2,100 歐元是價差收益下的部分收益呢？那就是基金活得愈久、配得愈久，投資人就領得愈多囉。

時間成本呢？沒錯，若是每筆投資都用等待領息的方式進行，時間成本將很難降低。每個投資商品的存活期間有多長？這問題就跟問一個人能活多久一樣，是沒辦法確定的。只能試著愈快地收回該筆投資的投入成本，才能穩當地持續認列收益。這時，每每被投資人視為猛獸的價格波動，就是我們這種資金有限的小資投資散戶最好的朋友了。

大家要知道，投資市場中的主要獲利來源，本就有「價差」與「投資標的的收益分配」2種，而價差，才是投資人得以快速累積資產的管道，也就是獲利來源的主菜，領息只不過是價差收益達成前的小菜而已。那何時該吃些小菜？就在主菜上場前！以及主菜吃完後。

問題2》參加除權息要等填權息才算賺？

很多人會跟你說：「參加除權息要等填權息才算賺。」其實這句話對，但也不對。

就總市值的觀點來說，因為配息前與配息後，總市值是不變的，所以「參加除權息要等填權息才算賺」，從這角度來說是對的！

　　但就一個只想領息，卻不會賣出股票的投資者來說，參與除權息後的價格波動，對其根本沒有意義，此時「參加除權息要等填權息才算賺」這句話就不太有參考價值。不過就資金流動的狀況來看，除權息倒是對其現金部位的持有，相當有幫助。

　　舉例來說，小風在 10 元時買進 1,000 股的 A 股票，總投資現金是 1 萬元，參與配息 0.5 元，也就是領到了 500 元。在投入的資金仍然是 1 萬元、持有股數仍然是 1,000 股的情況下，卻領到了 500 元的現金，怎麼能說是賠或沒賺呢？

　　你會說，除息後，股價會降至 9.5 元，市值剩下 9,500 元，當然是賠啊。但股價的變化原本就不是在你我能控制的範圍內，那當股價漲到 11 元之後才除息呢？除完息後價格降至 10.5 元，不也同樣是賺？即使股價不幸跌到 9 元之後才除息，只要每年都能配息，當成本都取回時，最後股價要怎麼跌，對賺賠的影響也不大了。

　　既然股價不是我們能控制的，在思考參與除權息到底賺

不賺錢，應該立於同個基礎上：既然領息是投資目的，那投資標的的基礎獲利能力，才是應該著重的地方，價格如何波動自然不在我們思考的範圍內；如果要將價格波動納進參考時，問題就不在除權息，而是資金效益的問題了。

此外，就領息的投資人來說，價格波動造成的市值變化本就不在考量方向，因為對其來說，投資標的的存活能力才是重點。因此，對於投資股市中的個股來說，能真正轉為虧損的，就是企業倒閉了。

而在企業倒閉前，我們只要可以在此之前將投資的本金收回，用零成本的部位去領息，這樣就可以將整個風險控制在獲利的基礎下，那需要留意的就只剩下在企業倒閉前，我們能夠應用獲利部位，賺多賺少的事了。

至於真的很在意投資標的在除權息後，能否在當年度填權息的投資人，可以想想，如果 1 檔標的 10 年來從不填權息，卻在第 11 年創下近 10 年股價新高，不就等同於 1 年 1 次填了 10 年的息了？那在意這 10 年間是否填權息，就顯得太過於無意義了。

　　因此，投資人應把重心放在「投資標的是否仍可持續持有」這個問題上。若標的出了狀況，無論除權息後股價如何表現，投資人都該果斷離場；反之，持有就好了。

1-2 趁勢獲利入袋
投資效益勝過傻傻存股

　　了解自己是一位什麼樣的投資人，並清楚自己要如何達到設定的目標以後，接著，還必須了解「適時獲利入袋」，對於資產累積的重要性。

　　猶記得 2008 年金融海嘯造成全球股市崩盤前，當時股市已呈劇烈震盪，加上客戶營運警訊頻傳，在工作已焦頭爛額之際，往往錯過了買賣時機點。

　　為了避免錯過時機，導致有時間性的金融商品產生價值減損，像是信用交易、權證等擴大槓桿操作、具時效性操作的部位，因此我便將相關部位全數賣出，清算後整體資產剩下不到 2 成，約 38 萬元。

　　雖然當時將有時間性的金融商品部位全數賣出，但我並沒有因此而打算退出市場，而是思考著如何運用剩餘的資

表1 年存30萬元、殖利率5%，5年可存200萬元

星大存股領息試算表

年	年存金額（萬元）	累積資金（萬元）	每年可領現金股利（萬元，以現金殖利率5%計算）
0	0	38.00	1.90
1	30	69.90	3.50
2	30	103.40	5.17
3	30	138.57	6.93
4	30	175.50	8.78
5	30	214.28	10.71

註：1. 起始金額 38 萬元、年存 30 萬元，且每年將累積資金投入於現金殖利率 5% 的存股標的上，連續投資 5 年；2. 四捨五入計算至小數點後第 2 位

金，以及每年工作收入可存下的錢，搭配所投資的股票，以每年配發約 5% 現金殖利率股利的方式再投入，逐漸回收賠掉的資產。

也如一般投資人一樣，做了一張試算表，規畫未來的存股領息計畫。從表 1 可以看到，若將清算後剩餘的 38 萬元資金投入存股標的，且每年將年薪的一半（30 萬元）再投入存股標的，以每年現金殖利率 5% 來計算，5 年就可以累積到逾 200 萬元的資產，也就可以將金融海嘯時賠的資金賺回，達到損益兩平。之後只要持續進行，就可以在

投資路上做到轉虧為盈了，每年的股利收入也會持續增加。

在這 5 年之間，若開銷可以愈節省，存的金額也就愈多。在本金放大的情況下，複利效應更明顯，資產累積到 200 萬元的時間也可以更加縮短。

適度操作價差，可加快資產累積的速度

考量到分散風險，所以當時就挑了禾伸堂（3026）、中光電（5371）及豐藝（6189）這 3 檔殖利率高、且都具備抵禦市場景氣波動獲利能力的企業，作為存股的標的，持續投入累積持股。

這種忽視價差、有了多餘的錢就持續投入存股的投資方式，雖然過程無聊，但少了對價差的期待，心情也就不再跟著大盤波動起伏。

原本以為只要按照這套投資策略持續操作，就能順利達成目標，直到後來發生一件事，才讓我產生改進這種投資策略的想法。

圖1　**禾伸堂股價在2011年時跌回26元**
禾伸堂（3026）月線圖

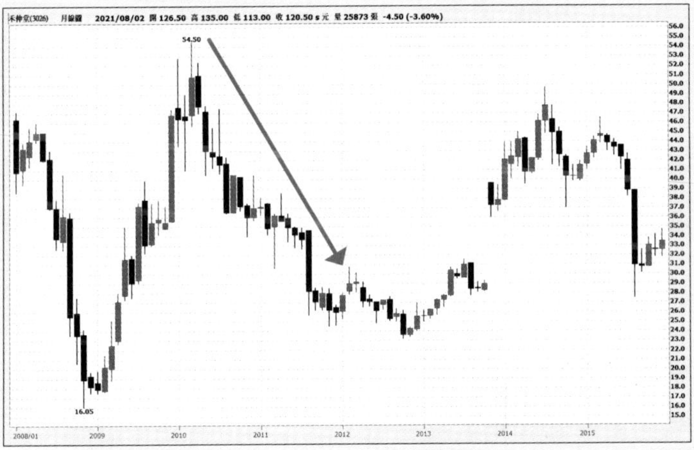

註：資料時間為 2008.01.02 ～ 2015.12.01　　資料來源：XQ 全球贏家

　　2010 年，當時手中持股之一的禾伸堂，累計投入總資金已有 50 萬元，平均持有價格約 26 元。若以那時候的股價 54 元來看，帳面市值逾百萬元，未實現獲利約 53 萬元，報酬率逾 100%。

　　然而當時的我卻太專注於領息狀況，漠視股價波動（詳見圖 1），所以並沒有獲利了結，以至於 2011 年，當禾

伸堂股價又跌回平均持有成本 26 元左右時，才驚覺自己似乎做了蠢事——為了每年 3 萬多元的股利，卻失去將近 17 年股利收入的價差。

如果當時有注意到價差收益而賣出禾伸堂，其所收到的百萬元市值，加計其他持股的市值來說，本來預期要存 5 年才有 200 多萬元的股票資產，可提早在 2 年左右就達標。

若懂得適度善用價差，當持有標的市價上漲到了預估操作區間的相對高價時賣出，再轉進營運獲利成長、市價處在預估操作區間相對低價者，除了可以持續累績總持股數外，也可以增加資金來源與收入，資金使用度更靈活。

不信我們來做個實驗，若回到 2010 年禾伸堂股價 54 元這一天，不賣／賣禾伸堂會發生什麼事？

情況1》不賣禾伸堂，繼續持有至2011年

在禾伸堂上，已投入本金 50 萬元，每股成本 26 元，持有股數 1 萬 9,230 股。則在此情況下，2010 年股票總市值為 103 萬 8,420 元，2010 年～ 2011 年股利共有

10 萬 1,919 元。

情況2》賣出禾伸堂，購入條件相同但股價較低的X股，並持有至2011年

將持有的 1 萬 9,230 股禾伸堂以 54 元賣出，可得資金 103 萬 8,420 元，將之購入股價 26 元的 X 股（假設 X 股的所有條件皆與禾伸堂相同），可購入 3 萬 9,939 股。則在此情況下，2010 年股票總市值為 103 萬 8,420 元（為方便比較，假設兩者市值相同），2010 年～ 2011 年股利共有 21 萬 1,676 元。

從前述內容可以看出，情況 1 和情況 2 的股票總市值在 2010 年是相同的，但情況 2 後續領到的股利，卻比情況 1 多出 10 萬 9,757 元（詳見表 2）。

當然，時至今日，也許有人會說：「笨死了！若能持有到 2018 年，禾伸堂股價逾 300 元時再賣，那可是市價達 576 萬元，比 2010 年賣出時多了近 5 倍呢！若能把持有期拉長，抱著當成遺忘，那就會賺更多了，資金效益不是更好？」如果從今日觀點來看，的確如此！而這也是很多

投資人常會錯估績效與風險的原因！

　　怎麼說呢？從現在看過去，一切都是這麼地「早知道」；但若是現在自問禾伸堂後續會再漲到 300 元嗎？這時的早知道就完全變成了「不知道」了。所以不要再有台股 4,000 點再度來臨時，就要梭哈資本，賭一把的觀念。因為當下次遇到 4,000 點的台股，當下的環境與市場狀況如何，不得而知。

　　禾伸堂的案例也是一樣，關鍵是 2010 年時，要能知道禾伸堂後續可以漲到 300 元啊！而不是在 2021 年回頭去看，原來禾伸堂可以漲到 300 元！不然應該說，金融海嘯時期存 200 元的大立光（3008），後續會漲到 6,000 多元！

3種心理狀態可作為出場參考依據

　　禾伸堂的案例已經和大家說明，投資人應該在報酬率足夠時，將資金轉入條件相同，且股價相對較低的標的。但報酬率到底多少算夠？10%？20%？還是 1 倍？ 2 倍？

表2 若轉買條件相同的便宜X股，可領較多股利

2010年不賣vs.賣禾伸堂的結果

項目	不賣禾伸堂，繼續持有至2011年	賣出禾伸堂，購入條件相同但股價較低的X股，並持有至2011年
2010年市價（元）	54	26
持有股數（股）	19,230	39,939
2010年市值（元）	1,038,420	1,038,420
2010年股利（元）	57,690	119,817
2011年股利（元）	44,229	91,859
2010年～2011年股利總和（元）	101,919	211,676

註：1. 禾伸堂 2010 年配發 3 元現金股利、2011 年配發 2.3 元現金股利；2. 採無條件捨去法計算；3. 為了方便比較，假設兩者市值相同
資料來源：Goodinfo! 台灣股市資訊網

除了客觀數據的依據外，其實投資人的心理狀態也可作為調整持股的依據。

這樣講還是很模糊，對吧？沒關係，以下我列出 3 種心理狀態，可作為投資人出場的依據：

狀態1》持股當下的價格，已對投資人的心理造成壓力

這狀態包括股價跌到讓你心驚膽戰，跟股價漲到讓你欣

喜若狂,這兩者都可視為需要調整持股的時機。

狀態2》對於持股原因產生懷疑

這就是常説的,當買進的因素消失時。這可以是企業營運的轉差,又或者對持股的價格與價值已產生落差,例如價格已大幅大於價值。

狀態3》莫名的第6感

人的感覺是相當奇怪的依據,但有時卻又是相當的準確。在市場有打滾過一段時間的投資人,應該都會有這樣的經驗,挑選到的個股可能基本面好、展望也好,但就在股價上漲的過程中,雖未到出場價,卻有「該賣出了」的想法,沒來由的。然後就發生了市場向下修正,或者標的下修營運目標的新聞。

也許有人會認為,這不就是讓情緒影響投資,而非用客觀的數據為依據了?沒錯,雖然説這樣不科學,但投資做到影響心理、身體狀態,當然就得做出調整囉!

所以,對於小資散戶來說,能滾動資金,讓資金規模愈

來愈大，降低未來不確定因素發生時的影響及達到穩定收益是目的。因此，無論投資的標的報酬率落在多少，只要對達標有幫助，就都算是足夠的報酬率了。

妥善利用價格的複利威力來搭配持股總數的複利威力，除了可以加快資產累積的速度外，也有穩定每年股利收益的作用。在有攻、有守的投資策略下，累積資產的道路可以走得更加穩健。

誰也不知道未來會如何，把握當下的獲利滾大資產，一切才會是真的。且在投資市場中，股價創新高的機會很難得，所以發生時非常容易激勵人心；但是股價創新低的機會卻很常見，投資人往往死抱著的都是股價創新低的標的。因此，把握機會，適時地在股價高點時將獲利實現，便顯得如此的重要！

觀察過去表現，自 2008 年金融海嘯導致全球股市崩盤後，台股加權指數雖然最低曾跌到 3,955.43 點（2008.11.21 最低價），但基本上整體仍是處在一個三角收斂的區間震盪，高不過前高、低不破前低（詳見圖2）。

之後，受到全球低利率環境和美國推行量化寬鬆政策等事情影響，資金瘋狂湧入市場，全球股市在這波資金狂潮的帶動下，股價幾乎都創下新高，台股加權指數亦是如此。

雖然不知這次的股市高點會落在何處，但在整體慣性架構已被破壞（2020 年後，台股加權指數已脫離三角收斂區間），新的架構正在建立下，未來若是創下歷史新低，亦不為過。

縱使不知未來造成全球股市崩盤，以及股價創下歷史新低的原因為何，但就循環的角度來說，不外乎景氣回升下，企業過度擴張或終端消費成長停滯造成供過於求，最後企業獲利不如預期，最終現金流失衡導致倒閉等。

在循環必具（註 1）的條件下，若投資人擁有「死抱著不放」的觀念投資，在目前多數熱門存股的投資標的價格愈來愈貴的情況下，投資人的持股成本亦會同步上升。若

註 1：循環必具是指全球景氣循環、企業營運循環影響股價，形成的股價波動循環。

圖2　台股過去長期處在一個三角收斂區間震盪

加權指數月線圖

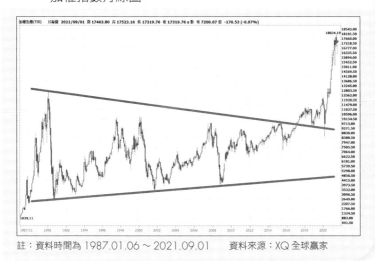

註：資料時間為 1987.01.06～2021.09.01　　資料來源：XQ 全球贏家

是整體投資組合的殖利率無法維持，甚至朝向愈來愈低的趨勢，一旦未來趨勢反轉向下，投資人對於投資資金的保護，就該愈來愈謹慎了。

　　就我自己的實際操作經驗來看，因為懂得存股、適時獲利了結（價差操作再轉存股）的搭配操作，早在 2012 年時，總投資市值已逾 500 萬元，且已不再將每月的盈餘及

領到的現金股利投入股市，僅靠著價差操作收益的再投入，以及不間斷的資金配置。至 2014 年，總持股市值已逾 1,200 萬元，約持有 30 幾檔標的，當年現金股利逾 70 萬元，足足比原本預期 2013 年才能存到市值逾 200 萬元，年領股利 10 萬元，期間股利還無法運用，得持續投入的效益，好得太多太多了。

因為購置不動產的需要，不僅現金股利不能再投入，甚至連價差收益都得全額提撥至購屋資金，因應後續的工程款及交屋後的貸款所需，使得 2015 年持股市值的成長趨緩。但透過不斷獲利了結及資金移轉，總持有股數仍可每年小幅成長。記得 2017 年時，總持股約 300 張，年領總股息 53 萬元左右。至 2020 年，總持股也成長到了 450 張了，年領總股息也逾 60 萬元，等於平均每個月多了 5 萬多元可以應用（詳見圖 3）。

3種錯誤假設易導致錯失累積資產的良機

所以，想要以存股的方式累積資產的投資人，不要過度的信仰於長期投資，認為只買不賣就可以累積資產，因為

圖3 **因購置不動產，2015年股票市值成長趨緩**
星大年薪、年領股息和股票市值變化

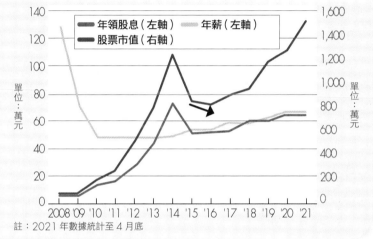

註：2021年數據統計至4月底

在試算表的計算下，其錯誤的假設，會讓投資人錯失了當下累積資產的機會。你不會知道你存股的標的，未來是如同2008年至現在的台積電（2330）價格走勢，還是如同2008年至現在的宏達電（2498）走勢（詳見圖4）。

前面提到，試算表在錯誤的假設下，會讓投資人錯失了當下累積資產的機會。那試算表可能會遇到哪些錯誤假設

呢？最常見的有下列 3 種：

錯誤假設1》企業永續經營論

在挑選長期投資標的時，投資人往往想要找到一檔可以存 10 年以上的標的，為什麼是 10 年？應該是跟股神巴菲特（Warren Buffett）曾說過：「若沒有持有一家企業 10 年的打算，那 1 分鐘都不要持有。」有關係吧！

我們當然都希望投資的企業是可以永續經營的企業，企業本身及創辦人應該也希望，但這種事情是無法去肯定的，因為「天有不測風雲，人有旦夕禍福」，企業在營運遭遇的變數實在太多，就跟人生一樣，瞬息萬變。這就好像 2020 年農曆年節期間爆發的新冠肺炎（COVID-19）疫情一樣，在農曆封關前還一片大好，結果年節剛過，企業的營運、獲利就如豬羊變色般，一切變了調。我們還遇到了難得一見，想都沒想過的美國股市觸發熔斷機制，甚至一連多天。

錯誤假設2》固定報酬率

在存股投資中，投資人常把 1 年度的股息殖利率，假設

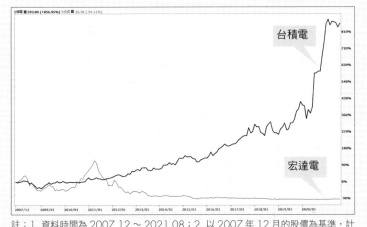

圖4 台積電和宏達電的股價呈現相反走勢

台積電(2330)vs.宏達電(2498)股價走勢

註:1. 資料時間為 2007.12 ~ 2021.08;2. 以 2007 年 12 月的股價為基準,計算不同區間報酬率的變化　資料來源:XQ 全球贏家

為未來存股期間的報酬率。但企業的營運會變化,也將使得配息政策改變,進而影響整體報酬率。甚至有時還會遇到投資標的不敵市場競爭,落入營運虧損,無法盈餘分配的情況,這時也就會讓試算表的未來預期完全失真。

錯誤假設3》價格不變或價格持續上揚

在做投資試算表時,價格往往是被鎖住的,即使以平均

價格去試算，也會產生落差。且 N 年後的總資產預估，在這瞬息萬變的市場中，就變得不切實際了。

例如以台積電為試算時，有人能在 2011 年試算出，2021 年買台積電的成本會高達每股 600 多元嗎？又或者以宏達電為試算時，又能在 2011 年試算出原本 1 股要千元的宏達電，2 年後只需要 200 多元，且還不配息嗎？如果不能的話，這樣的個股試算表，如何作為長期投資的目標依據呢？

實務上，會以存股方式進行投資的投資人，往往錯估了買進價格的重要性！對於會長期投入、持有一檔標的的投資人來說，雖然每次買進的價格會不一樣，從而取得一個平均值，但若完全不在意價格及買進時點，而在每個階段的相對高價買進的話，除了資金效益較差外，其實對於投入資金的影響也很大。

例如在 2008 年金融海嘯後才開始存鴻海（2317）的投資人，若很倒楣地每次都在相對高價進場，每年領到的股利亦在股價相對高時再投入，則雖然持有成本在每次進

場價格不一樣有平均的效果，但因為每次都在相對高點進場，至 2020 年平均持股成本約 119.66 元，對照 2020 年 9 月 18 日鴻海收盤價 77.6 元，買進部位仍在套牢（詳見表 3）。

　　若是期間領到的現金股利不再投入，只藉著配股來平均成本，則平均持股成本降至 82.07 元，則稍微好點。但以 2020 年 9 月 18 日的收盤價 77.6 元來看，整體仍虧損。若將期間領到的現金股利再投入，仍然在每年的相對高點進場，則平均持股成本降至 68.67 元，稍微好一點，低於整體投入的成本。

　　但……投資人不覺得很冤嗎？從 2008 年到 2020 年，歷經了 12 年，累積到的資產（175 萬 7,950 元）僅較投入的資金（155 萬 5,700 元）多出約 1 成，等於 12 年來這筆投資的收益完全無法為生活帶來效益。且因為價格是波動的，若是未來又遇到股災，鴻海股價低於 68 元時，這筆投資又變成了損失。

　　當然，如果資金充沛，這筆投資在累積的過程中，完全

表3 存鴻海12年累積的資產僅比本金多1成

年度	當年最高價（元）	現金股利不投入		
		配股（股）	配息（元）	累積股數（股）
2008	202.0	150	3,000	1,150
2009	151.5	322	2,365	2,472
2010	155.5	416	6,944	3,888
2011	126.5	488	4,888	5,376
2012	117.0	637	9,564	7,013
2013	89.9	801	12,019	8,814
2014	113.0	1,177	17,665	10,991
2015	99.7	599	45,565	12,590
2016	90.1	1,359	54,360	14,949
2017	122.5	0	71,770	15,949
2018	97.4	0	33,898	16,949
2019	97.2	0	71,820	17,955
2020	93.4	0	79,611	18,955

投入總資金（元）	平均買進成本（元）	現金股利不投入	
		平均持有成本（元）	2020.09.18收盤價（元）
1,555,700	119.66	82.07	77.6

註：1. 計算方式採小數點後無條件捨去法；2. 每年固定買進1,000股；3. 現金股利買進股數的買進價格
資料來源：XQ全球贏家、Goodinfo!台灣股市資訊網

鴻海（2317）現金股利不投入vs.現金股利再投入

現金股利再投入				歷年配息政策	
配股 （股）	配息 （元）	配息買股 （股）	累積股數 （股）	股息 （元）	股利 （元）
150	3,000	0	1,150	3.0	1.5
322	2,365	19	2,491	1.1	1.5
418	6,982	15	3,924	2.0	1.2
492	4,924	55	5,471	1.0	1.0
647	9,706	42	7,160	1.5	1.0
816	12,240	107	9,083	1.5	1.0
1,209	18,149	108	11,400	1.8	1.2
620	47,120	182	13,202	3.8	0.5
1,420	56,808	522	16,144	4.0	1.0
0	77,148	463	17,607	4.5	0.0
0	37,214	792	19,399	2.0	0.0
0	81,596	382	20,781	4.0	0.0
0	91,480	873	22,654	4.2	0.0

	現金股利再投入		
市值（元）	平均持有成本 （元）	2020.09.18收盤價 （元）	市值 （元）
1,470,908	68.67	77.6	**1,757,950**

是以次年度最高價買進；4. 平均持有成本＝投入總資金 ÷ 累積股數

不需要考慮生活品質，那倒還好，反正就是當需要這筆投
資收益當成生活資金時，標的沒倒且能繼續配息就好。但
若是像我這樣，每月薪資 4 萬多元的小小上班族，還得支
應 1 家 5 口的生活所需，那這資產累積的過程就稍嫌緩不
濟急了。

1-3 ▶ 2階段操作「零成本存股術」價差、配息雙賺

　　1-1、1-2 說明了我對投資上面的一些理解，這裡我要來和大家談談，究竟什麼是存股？存股該怎麼存？以及我是如何存股的？

　　「存」，是個累積的過程，而這個過程累積的標的，可以是金錢，那就是大家熟知的存錢；可以是基金，為存基金單位數；當累積的標的是股票，就叫做存股。

　　至於該選擇怎樣的金融商品成為累積資產的標的，除了考慮風險、報酬率外，更重要的是，執行者本身承擔風險壓力與心安的程度。畢竟，為了賺錢而讓自己承受過大精神壓力而身心俱疲，影響健康與生活品質，那可就得不償失了。

　　究竟該怎麼存呢？存股的基本概念是挑選禁得起景氣循

環考驗、可以長期持有的企業，除了將每個月的閒置資金投入，同時也將每年領到的股利再投入，長期重複、簡單的操作下累積總持股數，預估在 N 年的累積下，每年收取足以支應生活所需的股利。

這是個從存錢、複利、領息延伸，很棒的概念，但投資人卻被「長期投資、長期持有」的概念限縮了自己的投資思維與操作靈活度。例如認為所謂的存股，就是賴定了一檔標的一輩子，不離不棄才能稱之為存股。

但其實以定存來說，投資人還是會找定存利率較高的銀行，或者利率較高的貨幣來做定存啊！那為什麼在存股時，會讓自己限縮在一家企業，而忽略了投資人無法掌握的營運風險呢？

投資人難以掌握2種企業經營風險

看到這有人會想反駁：「哪有，我都有認真看公司財報來篩選個股啊！怎麼會無法掌握營運風險呢？」其實光看財報是無法完全避開投資到地雷股的，依據我的經驗，財

報分析能讓投資人對公司體質有所了解，卻無法分析出以下 2 種可能讓企業倒閉的風險，頂多只能猜測。

風險1》客戶營運

　　企業營運過程中，除了景氣循環以外，影響更大的是企業客戶的營運。企業營運穩定有很大的比重取決於客戶應收帳款的呆帳率，若是往來的客戶多為營運不穩定的企業，那麼即使企業本身的財務再健全，都抵擋不住客戶倒閉一次性的傷害。這點套用在所有的產業都是一樣的。

　　但有多少投資人真正知道所持有公司的客戶營運狀況？又有多少投資人真正會去核實企業所公布的主要客戶，是真有其客戶呢？我想應該不多吧。

　　而且不只是散戶，有些大公司也不清楚企業的客戶資料。以前我在銀行工作期間，就曾發生上櫃 E 企業用假的應收帳款向 C 銀行辦理應收帳款融資的案件，這事件後續也成為銀行授信業務的最佳範例。

　　其實詐貸在金融業並不是什麼少見案例，且多數都能在

核貸前發現，只是這案件之所以特殊，在於 E 企業所拿的應收帳款，是 E 企業用主要客戶 F 企業的名稱自行在海外設立的子公司 F-Z 所開立的，使得這件事情讓人印象深刻（詳見圖 1）。

這也讓人深刻體會到，若不在業界（即使在業界，沒發生退票也不知道啊），要如何避免在投資市場上遇到這樣的企業；以及自己在投資上遇到這樣的事情時，應如何降低對整體資產的影響。

風險2》經營者道德

很多人都會說，企業經營者的道德很重要，但又有多少人是真正的認識了企業經營者後，才開始投資？應該說，有多少投資人能真正的認識經營者？大多是認識媒體包裝出的外殼罷了。

即使投資人真的認識經營者，但企業營運中所面臨的道德風險只有經營者嗎？有多少企業曾發生員工中飽私囊的道德風險！而有些員工所產生的道德風險，也幾乎讓企業面臨到倒閉的狀況，例如有名的國票事件（註1）。

圖1 **E公司利用客戶F公司進行詐貸**
詐貸案件示意圖

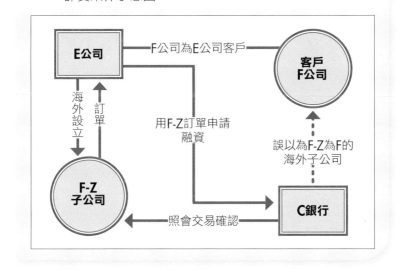

所以，投資人真的確定能透徹了解所投資的企業，以及在投資市場中，自己真正能承受的風險嗎？若無法準確掌握自身的承擔能力，怎麼敢貿然投入、長期投資，並長期持有？

註1：國票事件是國際票券金融公司員工利用內部稽核漏洞，盜用公司商業本票炒作股票的經濟犯罪事件。

而上述 2 種風險，投資人又如何從財務報表或 1 年 1 次的股東會中得知呢？若沒有完整的了解，並適時做出因應對策，當遭遇上述任一種風險時，面臨的可是長期投資、持有 20 年後，換得一場空的下場。而一個人又有幾次 20 年，可以讓人從頭來過？

不過，這並不是說分析財報無效，因為財報中還是有很多重要資訊，重要的是投資人應了解到，財報分析只是讓投資人尋找符合自己投資指標的標的。透過財報分析及市場資訊推估出企業未來的營運獲利表現，進而提高操作獲利的機會而已，但別誤認為可以藉由分析財報，100% 避開地雷股。

那有人會好奇啦！是否有可以降低客戶營運和經營者道德風險，對整體投資資產影響的方法呢？答案是有的，那就是透過我自創的「零成本存股術」來降低這 2 種風險。

天下沒有白吃的午餐，「零成本」並非指零付出就可以收穫的投資方式。零成本是種相對於成本的概念，若把初始投入的資金稱之為本金，則從市場中取得的獲利，就是

非成本的部位，也就是零成本。

　　若想要加計時間價值亦無不可，只要在獲利了結時加計時間成本，那剩餘的部分仍然是獲利。只是每個人的時間價值不同，要怎麼計算，就因人而異了。

　　但說真的，會做價差的投資人，在台股1日的漲跌停10%間，其時間成本絕對要比1年領息5%的投資人要低。所以零成本，就是一個獲利的概念，零成本存股，也就是用獲利的部位來存股。不過，想要靠獲利部位來存股之前，你必須先累積投資的本金，並用其開始累積股票資產。

　　回顧我的存股歷程，主要分為2個階段：

階段1》本金存股期

　　本金存股期是利用本金來存股，投資人可以將此階段視同為企業初創時期，資金皆來自原始股東一般。

　　如同初進市場的企業經營失敗機率高，這個階段的投資

本金風險亦最高，這也是為何要慎選存股標的的原因。因為當存股的標的確定了，除非存該標的的原因消失了，否則一般不會輕言停損。

我們可以把本金存股期中的每筆投資都當成公司上市櫃的路程。企業經營者在將公司推向 IPO（初次公開發行）上市櫃的過程中，都是從小小的公司開始做起，隨著營運規模的擴增，一步步的走向上市櫃的道路。這中間當然可能面臨挫折與失敗，但無不是逐一克服、調整，直至成功（詳見圖2）。

投資人也一樣，但跟創業不同的是，投資人不用真的親自創立一家新公司，但過程至結果卻是相同的概念。當然，若是存股原因消滅（例如標的不再賺錢、不再配息等），投資人仍需果斷處置。

階段2》獲利部位存股期

獲利部位存股期是利用投資獲利的部位來存股，此階段可視為企業營運有成，進行 IPO，原始股東釋出部分持股

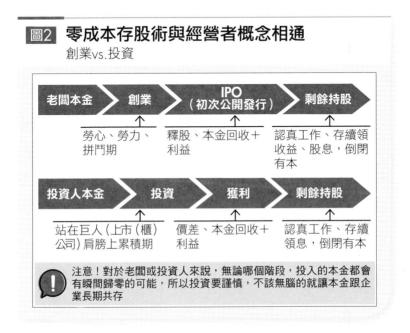

圖2　零成本存股術與經營者概念相通
創業vs.投資

注意！對於老闆或投資人來說，無論哪個階段，投入的本金都會有瞬間歸零的可能，所以投資要謹慎，不該無腦的就讓本金跟企業長期共存

的過程。

當初創企業跨越了競爭困難，順利完成 IPO 上市櫃，原始股東釋出股份的部位通常只是總持股的一小部分，且釋股時的每股價格一般都會高於初始投入時的成本，加上很多企業為了 IPO 利益的最大化，除了把營運績效灌在 IPO 當年度外，也會在 IPO 完成前，透過各式各樣的增資方式

（盈餘轉增資、現金增資），進而擴大原始股東的持股部位，讓在 IPO 的過程中利益最大化，將企業初創期投入的資金、勞力、時間成本，連本帶利收回。

而上市櫃後（獲利存股部位）的企業，只要能持續維運下去，就能繼續從中獲得收益。釋股多賺得的資金，還能進行轉投資，由上市櫃的企業，來養轉投資，之後甚至還能將轉投資上市櫃，繼續錢滾錢。

這就如同投資本金不斷重複階段 1 的步驟，持續增加手上獲利領息的部位，累積階段 2 的存股部位。

我們以長期投資口袋名單標的台汽電（8926）為例説明，並以單次投資總金額 50 萬元做計算（為簡化計算，不考慮證交稅、手續費等費用）。

第1次操作》2015年9月

買進均價約 20 元的台汽電 25 張，總成本 50 萬元，若以 25 元賣出，獲利約 12 萬 5,000 元。此時留下 1 張獲利部位，賣出 24 張，收回 60 萬元，認列 10 萬元（＝

60 萬元－ 50 萬元）價差獲利。

第2次操作》2019年7月

買進均價 26.5 元的台汽電 18 張，總成本 47 萬 7,000
元，若以 31 元賣出，獲利約 8 萬 1,000 元。此時再留下
1 張獲利部位，賣出 17 張，收回 52 萬 7,000 元，認列
5 萬元（＝ 52 萬 7,000 元－ 47 萬 7,000 元）價差獲利。

第3次操作》2020年3月

買進均價約 30 元的台汽電 16 張，總成本 48 萬元，
若以 39 元賣出，獲利為 14 萬 4,000 元。此時同樣留下
1 張獲利部位，賣出 15 張，收回 58 萬 5,000 元，認列
10 萬 5,000 元（＝ 58 萬 5,000 元－ 48 萬元）價差獲利。

這 3 次投資操作，除了讓原本 50 萬元投資本金因 25
萬 5,000 元的價差收益而增加到 75 萬 5,000 元外，還
累積存到 3 張獲利領息的部位。未來只要持續重複操作，
便可持續累績獲利領息的部位，同時增加投資部位。

未來萬一台汽電不幸遭遇營運競爭與打擊而產生虧損，

這期間所累積的資產收益與轉投資、再投資，也足夠降低此標的對於整體資產的影響。

再加上持股本就為獲利部位，若來得及處分，頂多就是少賺，但至少不賠。若真的不幸遇到財報無法規避的營運事件，公司面臨瞬間倒閉下市、無法交易的情況，也就只是賠掉原本 7 萬 6,500 元的獲利部位（註 2），不至於對整體資產影響太大。

且只要台汽電能繼續配息，以其至少每年配 1 元以上計算，每年就有 3,000 元的股利進帳。3,000 元很少嗎？

如果這樣的標的有 30 檔，則每年可以領到的股利就有 9 萬元，且還可以持續地累積，透過資產配置同時達到分散風險與穩定每年股利的效果。甚至未來股價達到超漲目標時，還可以再賣出剩餘持股，獲取更大的收益。

註 2：此處指 3 次操作留下的 3 張股票，每張股票各自的成本分別是 20 元、26.5 元和 30 元，加起來即為 7 萬 6,500元。

　　因此，我的存股方式就如同企業 IPO 的過程，當完成價差操作或領到的股利總額已大於投入的本金時，就如同企業 IPO 上市櫃完成，剩餘的持股就如同原始股東的剩餘持股，都是純賺的部位。

　　2021 年 4 月，我的零成本部位的持股狀況如表 1 所示，總市值約 800 萬元～ 900 萬元，每年約提供 30 萬元～ 40 萬元的現金股利收益（不包括股票股利收益）。

　　只要投資標的能繼續獲利、配息，就可以繼續獲取收益；而取回的本金與獲利又可以進行下一筆的投資，如同企業經營者的轉投資做法，進行新的投資來增加收益來源。

　　投資人可以認為企業上市櫃的目的是跟投資人分享利潤，但對我來說，企業上市櫃的目的就是為了籌資的便利性及低成本。

　　而對於身為原始股東的經營者來說，企業上市櫃除了籌資的便利外，更重要的是將時間與勞力的價值實現（如同投資中的未實現獲利），同時還可以避免雞蛋放在同一個

表1 零成本部位持股最大宗為欣天然

星大2021年4月35檔持股獲利領息部位市值比重

股號	名稱	比率（%）	股號	名稱	比率（%）
9918	欣天然	9.86	5880	合庫金	2.33
0056	元大高股息	8.82	2891	中信金	2.08
2886	兆豐金	7.21	3028	增你強	1.60
1101	台泥	7.00	2885	元大金	1.46
8039	台虹	6.08	3033	威健	1.43
2880	華南金	4.55	9930	中聯資源	1.36
2892	第一金	4.51	6112	聚碩	1.24
3264	欣銓	4.37	8926	台汽電	1.11
2606	裕民	3.78	4107	邦特	1.06
3036	文曄	3.57	2845	遠東銀	0.79
1717	長興	3.37	3702	大聯大	0.78
1702	南僑	2.98	6023	元大期	0.72
2002	中鋼	2.64	2105	正新	0.65
1231	聯華食	2.57	1904	正隆	0.62
2352	佳世達	2.57	8109	博大	0.62
3416	融程電	2.53	2493	揚博	0.55
6189	豐藝	2.45	3303	岱稜	0.30
6803	崑鼎	2.45			

註：因四捨五入的關係，加總後會與100%略有出入

籃子裡，分散風險。

　　我的零成本存股術亦是等同於這樣的概念，因為資金有限，透過市場的價格波動機制累積資產，加上由於剩餘持股就是純賺的部位，也實現了市場常說的，要與經營者持有同樣成本的部位，可以降低遭遇企業經營風險時，對整體資產影響的程度。

用「獲利部位」再投資
以錢滾錢放大報酬

1-4

市場上有很多的文章探討主動投資與被動投資的收益差別，進而做出「被動投資較主動投資適合長期投資人」，或者「主動投資人資金效益較被動投資人為優」的結論，進而引導投資人來認同其投資操作。不過，其實這些都是選擇的問題，而不是誰比較優的問題。

因為所謂被動投資，也不過是以被設定好的條件與參數，挑選出一籃子成分股標的進行投資，決定這些條件與參數者，也是主動意識下的產物；而被動投資人，只是將挑選投資標的的主導權交給了他人，這就像聘請一位專業經理人，付他管理費，請他來進行投資一樣。

投資人可依自己的需求挑選合適的專業經理人，例如可以挑選依照自己喜好挑選標的，進行資金比重分配的主動型專業經理人，或者是追蹤指數的被動型專業經理人。當

然，也有專業經理人又把自己管理的資金，交給另一位專
業經理人操作的類型。

　　而我，比較像是這些的綜合體，因為對我來說，無論怎
樣挑選標的，只要可以為我累積資產、增加可支配的金錢，
就都是可以利用的工具，沒必要硬是區分哪個比較好。

　　之所以市場會有這麼多不同類型的投資商品，從單一產
業、地區、市場至全球，從單純的股票、債券、股債平衡
型到組合型，目前更從主動投資轉為被動投資，除了降低
投資風險外，大多還是為了降低投資人最害怕的「價格波
動」影響。

勿將「價格波動」視為洪水猛獸

　　回顧 1-1 ～ 1-3 所講的，投資人真的想透過投資市場
加速資產累積，價格波動不是猛獸、也不是毒藥，而是應
該面對的良藥啊！所以到底被動投資比較好？還是主動
投資比較好？我們以國內知名的主動投資型基金 —— 統
一大滿貫，以及國內知名的被動型基金 —— 元大台灣 50

（0050）、元大高股息（0056）的投資績效（績效都是含息）為例說明。

統一大滿貫基金應該算是國內同類型基金中，在績效上算前段班的主動型基金，其從 2009 年至 2019 年間累積的投資報酬率 412.52%，比 0050 的 305.08% 和 0056 的 277.54% 高了逾 100 個百分點以上。

若比較到 2020 年 4 月 22 日新冠肺炎（COVID-19）疫情引起的股災後，統一大滿貫基金的績效（356.07%）仍較 0050（248.27%）與 0056（241.82%）來得好（詳見圖 1）。而 0050 原本績效比 0056 高約 28 個百分點，僅剩下不到 7 個百分點的差距。

前面是從 2008 年統計至 2020 年 4 月，但若將時間縮短，例如從 2020 年 1 月開始比較績效的話，反而 0056 的績效報酬跑到第 1 名了，勝過統一大滿貫基金和 0050（詳見圖 2）。

所以這到底代表了什麼？不同的時期，比較各類投資方

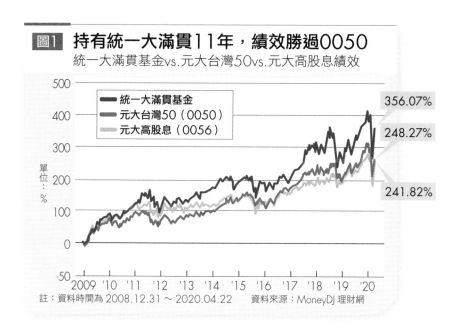

圖1 持有統一大滿貫11年，績效勝過0050

統一大滿貫基金vs.元大台灣50vs.元大高股息績效

註：資料時間為 2008.12.31～2020.04.22　　資料來源：MoneyDJ 理財網

式都會有不同的結果。

　　當股市呈現多頭走勢時，若是遇到好的基金經理人，則主動投資的績效會較被動投資的績效佳；而當大盤大幅下滑時，其實主動跟被動下滑的幅度與風險是差不多的。當然，這必須是由較優秀的基金經理人操盤，若遇到操作績效極差的基金經理人時，純粹跟隨大盤指數的被動投資績

效可能會較好。

但其中有個有趣的現象，一般專家或投資達人都會說：「0050 的績效較 0056 來得好。」但從圖 2 可看出，2020 年初出現不同的結果：「0056 的績效比 0050 好。」

當然可以說這是短期的波動，但投資人可以分析一下，大部分說 0050 績效較好的人，其試算報酬率都是「價差＋配息」的報酬率，且他們都會告訴投資人不要賣，持續投入。

但你想想，當投資 1 檔標的，卻無法實現其價差效益，挹注生活所需，那這檔標的的市值即使翻了好幾倍，在不能處分下，空有美好的報酬率卻無法提升生活品質，導致資產的成長與生活水準似乎沾不上邊？這是投資人得去思

註 1：還有一個問題，投資人也可以思考一下。若無法計入價差收益，只單計算配息為收益時，對於平均殖利率 5% 以上與平均殖利率 3% 左右的標的，在現金的調度上，應該要做出怎樣的選擇呢？

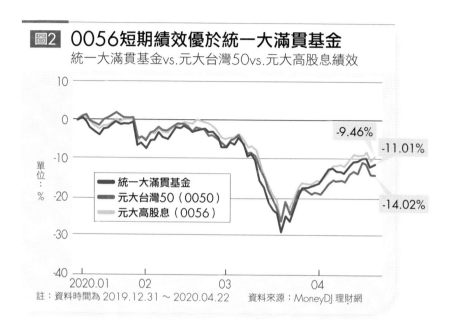

圖2 **0056短期績效優於統一大滿貫基金**
統一大滿貫基金vs.元大台灣50vs.元大高股息績效

註：資料時間為 2019.12.31 ～ 2020.04.22　　資料來源：MoneyDJ 理財網

考的問題，到底自己投資的目的是什麼？只是想看著起伏
波動的數字？還是提升生活水準（註1）？

　　因此，投資人該確認的不是主動投資比較好，還是被動
投資比較好，也不是配息產品較佳，還是價差操作更好的
問題。該確認的是該用怎樣的投資方式，可以穩定心性，
且能夠徹底執行，最終達到自己設定的投資目標。

最重要的是，是否真的有了解到需承擔的風險和可能的結果，因為無論是主動投資或挑選被動投資型的金融產品，資金實際遭遇到的風險都一樣，不同的只有當遭遇風險時，是否親自經歷「資金歸零」的震撼，以及是否透過資產配置，降低單一資金歸零對整體資產的影響。

存股不應忽視持股價格的變化

前面有提到，投資市場中的獲利來源有 2 種，一為價差收益、一為孳息收益。然而多數的存股投資人都被長期投資、股息收益再投入的觀念給綁架了，因此只把焦點放在孳息收益上。似乎只要不賣出持股、不斷把錢投入，N 年後就可以累積到目標資產，讓自己過著資金無虞的生活，因此忽視持股價格的變化，最終的結果也就只是 3 分法：1. 總市值大於總投入、2. 總市值等於總投入、3. 總市值低於總投入。

如果是總市值大於總投入倒還好，至少可以看看帳面數字，開心一下；若是總市值等於總投入，就會覺得自己是在做白工；若是總市值低於總投入，那就更慘了，不但做

白工，還要貼錢出去。

　　雖然總市值大於總投入會讓帳面數字比較好看，但這就像 20 年前你在大直買了一間 27 萬元／坪的新成屋，即使現在每坪翻了好幾翻，卻沒辦法把增值的部位拿出來享受一樣，就算你的房價漲到 1 億元，但如果被限定不能賣，那你依舊只能繼續靠著每月 3 萬元至 4 萬元的薪資，努力過活。

　　更慘的是，一般來說，市場價格與企業未來的營運績效是連動的，當投資標的的價格滑落時，也就代表著市場對於該企業未來營運績效不抱期待，甚至沒有期待。企業未來營運獲利的衰退，同時代表了收益分配的下滑，也就是除了可能賠到成本（本金）外，連每年的收益分配也會同步下滑。這樣不僅沒有累積到資產，連收益都賠進去了。

　　雖然目前市場驗證了，即使短、中期可能受到各種因素的影響，價格會有漲有跌，長期而言卻是持續向上的。不過，就是這些短、中期的不確定因素影響，可能會讓投資人在資金調度上，面臨困境。

例如 0050 在 2020 年 3 月股災時，可是讓當時近 4 年投入的投資人，帳面價值全面轉虧。雖然後續股價還是漲上來，且創下新高，但若這價格下跌時間拉長至中期，而投資人卻在這期間需要資金，不就得忍痛出場了嗎？所以除了風險性資產的累積外，適時獲利了結、充實現金部位，才能有較多的實力因應未來資產市值的波動、生活資金的需求。

用價差、配息收益，創造「獲利部位」

那要怎麼做，才能夠獲利領息呢？答案是「零成本存股術」中的獲利部位存股，透過價差及股利的獲利，將投資本金所參與的獲利鎖住，並用獲利來參與企業長期配息的存股概念。

如前例所說，若你擁有 1 億元的房產，且能處分，那你可以將房子賣了，拿其中 1/3 投資每年 4% ～ 5% 殖利率的 ETF，再用 1/4 的資金買間房子住，剩下的錢就放在銀行定存。這樣一來，不僅手上有現金、有房住，除了薪資收入外，還多個有收益分配的投資資產，生活水準自然而

然就提升了。

基本上，利用「獲利部位」存股的形式大致可分為下列
幾種：

1.用價差創造獲利部位

可透過 2 種方式進行存股：

方式①》賣出部分原有股票獲利，剩餘部分進行存股。

方式②》將原有股票全數賣出，獲利部位轉買新股票。

假設某甲以 10 元的價格買入 A 股票 1,000 股，成本 1
萬元。若 A 股票的股價漲至 12 元，則：

①以 12 元賣出 840 股，收回 1 萬 80 元；獲利 80 元
＋剩餘 A 股票 160 股；剩餘 A 股票 160 股為零成本部位。

②以 12 元賣出 1,000 股，收回 1 萬 2,000 元；將獲
利 2,000 元拿去購入 B 股票；新購入 B 股票為零成本部位。

2.用配息收益創造獲利部位

可透過 2 種方式進行存股:

方式①》透過配息沖抵持股成本,逐漸收回投資本金、增加獲利部位,直至成本全數收回。

方式②》將配息收取的獲利轉買新股票。

承上例,若 A 公司今年每股配息 1 元,則:

①將配息 1,000 元拿去沖抵持股成本;持有成本降低至 9 元或可沖抵 100 股成本;沖抵的 100 股成本為零成本部位。

②將配息 1,000 元拿去購入 B 股票;新購入的 B 股票為零成本部位。

而這樣的操作概念,不限於只投資 1 檔標的,也可用於以成分股的方式,也就是把每次資金投入時,用一籃子標的的觀點來進行。

　　舉例來說，同時持有 A 股票及 B 股票 2 標的，以持有本金部位均為 50 萬元來看，當 A 股票帳面獲利 30%（獲利 15 萬元）、B 股票帳面損失 10%（損失 5 萬元）時，則整體獲利為 10%（獲利 10 萬元，整體投資 100 萬元），此時就可以有 10 萬元的獲利空間作為調整 A、B 股票的獲利領息部位。

　　也就是說，投資人可以選擇下列 3 種方式操作：

　　1. 同時賣出 A、B 部分持股，各自留下 5 萬元的獲利部位。

　　2. 同時賣出 A、B 持股，且將其中一檔持股全部出清，另一檔持股則留下 10 萬元的獲利部位。

　　3. 同時賣出 A、B 持股，且將 2 檔持股全部出清，並將獲利 10 萬元的部位另外投資 C 股票。

　　上述 3 種方式只是我大致舉例，事實上還有很多種操作組合。也就是說，若從整體投資組合來看待時，獲利部位

存股可以讓操作更加彈性。無論是做出怎樣的選擇，都是可以在擁有資金的情況下，操作下一筆投資組合。

總的來說，獲利部位存股是以整個股票市場中的企業為標的，透過妥善的資金配置，挑選當年度營運、獲利成長，同時股價處在預估操作區間相對低位置的企業為投資標的。

當其股價上漲至預估操作區間相對高時賣出，進行價差操作，收回投資本金，並將部分獲利留置在市場中參與企業長期獲利分配。之後再將本金以同樣概念重複操作同類型標的，以有限資金做到總持股數持續成長，同時達到存錢、提高生活品質、資產配置、股利收益穩定的投資操作方式。

這其實很簡單！只是一個觀念的轉變。同時，獲利部位存股也可以不是獲利領息（零成本）存股，因為獲利同時也是本金啊，故而也可以將之視為總資產定期檢視的資金重分配動作。

所以，當思緒想通以後，目前的投資報酬率是多少？每

年殖利率多少？也不過就是個數字，端看投資人怎麼去看待自己成本與獲利間的關係。

　　重要的是，投資的目標，是否如規畫中的前進？而從中得到的利益，是否真的能為生活帶來幫助與樂趣？不然存了 20 年到 30 年，甚至一輩子的股票，結果什麼都沒享受到，甚至還可能落得一無所有，此生豈不走得冤枉了？

遵循選股策略
適時逢低布局

2-1 存股也要留意股價 善用價差才能提高投資效率

Chapter 1 說明投資過程中，停利對投資資產成長的重要性，至於要不要留下部分獲利，或將獲利轉存其他標的，那是如何將現有資金做有效分配的問題了。資金的重分配，除了可以將資金轉投進股價相對低的標的，降低價格下行幅度的風險外，同時也有穩定每年現金股利收益的作用！

因為我們無法預估股價反映個股未來營運獲利所需的時間，至少在這個等待的過程中，即使沒有價差的收入挹注，仍可以有穩定的現金股利來維持整體收支的平衡。等到股價反映個股營運未來的展望時，價差的收益便會自然而然地實現了。

「零成本存股術」概念為基金的定期定額投資法

我的「零成本存股術」基礎思維來自於基金的長期定期

定額（包括後來延伸的定期不定額、不定期定額、不定期不定額）的概念。此概念的核心為在基金歷經市場景氣的波動下，不因景氣向下循環時的虧損而停扣，持續地投入，在成本高價時買進的單位數較少、低價買進時單位數較多下，從長期累積中取得一個平均淨值成本。

等待景氣向上循環，當基金淨值高於平均持有成本時，這期間所累積的總單位數，就可獲得收益。若投資的基金期間還有配息，則可在等待景氣向上反轉，收取淨值成長收益的期間，降低投入成本損失，還可從孳息中獲得收益作為現金流（這點對於等待期間有資金需求，或是對資金安全感較低者，在心態安定上很有幫助；相對來說，對於等待期間無資金需求者，是否配息就顯得不太重要了）。

多數有經驗的投資人，在投資基金時都會記得定期定額、不停扣的部分，但設立停利點才是影響最終獲利表現的關鍵。一般常聽到的停利設定，都會以景氣好時，正報酬 20% 時贖回，然後續扣；若是景氣較差，則降低標準至 10%，以避免流於紙上富貴的窘境。但因為我們不知道基金的淨值可以回升至獲利的時間，有時投資人則可以不用

等到最後基金淨值大於持有平均成本時，仍可以就部分投入的成本，做獲利了結的動作，但這時則有賴於記帳了。

　　例如投資貝萊德世界礦業基金時，在定期定額下，一般投資人的做法，是將整個投入期間的部位（詳見圖 1-❶），在淨值達到時（詳見圖 1-❷），一次獲利了結。不過就資金有限的投資人來說，定期定額除了持續累積持有部位外，投入的金額也會持續地累積，在不知道何時可以獲利了結的情況下，龐大的資金部位仍可能造成投資人的心理負擔。因此，投資人在基金淨值達到圖 1-❹部位時，就可將圖 1-❸部位的資金先行獲利了結，並用該資金持續定期定額。

　　這樣做的好處在於，不需要將龐大的資金置於不可知的未來，萬一基金還得持續盤整 5 年、10 年，那這筆 20 年的資金，對投資人來說仍是筆不小的壓力。

　　只是這樣的操作，投資人就得記錄每筆定期定額購入的價格及單位，才能確實掌握整個投資部位的成本，並計算贖回的部位。但為了降低資金部位的壓力，這一點點的小技巧，還是很值得去做的。

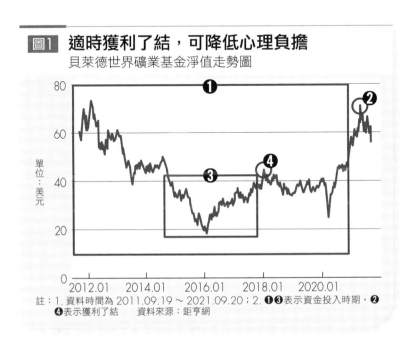

圖1　適時獲利了結，可降低心理負擔

貝萊德世界礦業基金淨值走勢圖

單位：美元

註：1. 資料時間為 2011.09.19～2021.09.20；2. ❶❸表示資金投入時期，❷❹表示獲利了結　資料來源：鉅亨網

　　一籃子標的的基金都需要設立停利點，以避免紙上富貴了，更遑論以單一個股為標的的存股投資人了，適時獲利了結、賣出持股非常重要。畢竟投資個股不同於一籃子成分股的基金，基金成分股出事，由於只是整個基金的一部分資產，對淨值雖有影響，卻不至於讓基金歸零；但個股出事，對投資人來說，可就是該筆投資資產歸零；除非投資人能如基金般，持有一籃子的個股，也就能降低單一個

股出事所造成的影響了。

雖然歷史上有企業下市重整後仍復活的例子，但投資人何須讓自己的資產處在這機率極微小的情境下呢？因此「獲利領息」的概念就相對重要。在取回投資成本且實現大部分收益的情況下，僅將一部分的收益留著繼續領息，除了鎖住該筆投資的獲利外，總資產也獲得實際提升，獲利領息的部位每年還能提供收益。取回的本金加計大部分的收益資金部位，又可以再進行下一筆的投資，持續擴大資產與獲利領息的部位。

此外，雖然零成本存股術的基本思維來自於基金的定期定額長期投資，但卻不代表可以如同投資基金般，完全不在意買進價格。回顧 Chapter 1 的獲利領息概念，投資人總不想辛苦了大半輩子，結果卻因為價格的因素，使得整體資產只是等同於投入的資金，或者更少吧？

若不看股價持續買進，易拉高投資風險

對於計畫靠著存股、長期持有，並不斷投入特定股票的

投資方式來累積資產的投資人來說，都期待著未來某一天可以靠著投資標的每年配息，來作為平常生活所需的資金。

要做到每年領到的收益足以支付生活所需，就必須有相對應的股票持有部位。例如想要年領 50 萬元的收益，以殖利率 5% 計算，則需要累積到 1,000 萬元的持有部位。而要累積到這樣的部位，就得持續投入資金，透過長期買進來達到這樣的目標。

在這過程中，很多投資專家會告訴投資人：「不要在意買進價格，在達到訂定的目標前，持續買進就對了。」不過這種做法，真的正確嗎？

如果以目前情況來看，年薪 60 萬元對於一般上班族來說，算是基本的。若每年可以存下年薪的一半約 30 萬元，投入每年殖利率 5% 的商品，需要幾年能達到累積 1,000 萬元的目標呢？答案是 19 年。

1 位從 25 歲開始存股的投資人，等到 19 年後，已經 44 歲了。這還是假設每年的配息能力、買進價格不變前提

下才有的美好結果。若殖利率上升，當然很好，表示只需要花更少時間就能達成目標，但萬一配息能力下滑，卻還想要年領 50 萬元收益的話，則持有的部位就得要有相對應的增加。例如當殖利率降至 4% 時，就得有 1,250 萬元的部位，在薪水不變的情況下，得再多存個 2 年～ 3 年才能達成目標。

前述提到的「不要在意買進價格，在達到訂定的目標前，持續買進就對了。」這種做法雖然很簡單，但投資人卻要承受未來可能出現的各種不確定性，萬一投資標的出現營運困境下市，那這 19 年的努力都將化為烏有，成為大災難事件。

也許有人會說，即使標的下市，也可以重新開始！但這表示要再存另一個不確定的標的 19 年。等你存到錢以後，都 63 歲了啊，更遑論累積的過程中，除了要省吃儉用外，這些省下來的錢所帶來每年 5% 的資金效益，可是一點都沒法用在生活上。

因此我認為，這種觀念的投資方式，只適合用在已有龐

大資金者及投資標的屬於可以永續經營與配息的標的。畢竟在投資標的可以永久配息下，無論投資成本多高，長期累積所領的股息，遲早都可以高於投入的成本，真正開始認列收益。不過，可惜的點就在於，能「永續經營」及「持續配息」的企業不好找啊！

在這全球化的時代，企業必須不斷提升競爭力，維持獲利的困難度只會愈來愈高。即使是有豐富資源的企業，在戒慎恐懼的經營下，都不見得可以永續經營及持續獲利，更遑論是處在資訊不對等、分析能力有限下的散戶投資人，要找到這樣的標的有多困難了。

透過資金重新分配，增加資產累積速度

所以說投資人千萬別被存股的刻板觀念給綁架，因為1檔個股配息配得再好，殖利率頂多1年7%就算高了，但是1檔股票的日漲幅是10%，最好的情況是，1日的漲幅可抵上1年累積資產的速度。

即使你把資金分散，例如將1筆資金分別投入5檔不同

的標的，報酬率也不一定會差，投資人只要多花點心思做功課，每年一定可以找到超過 5 檔漲幅逾 10% 的標的。

而透過價差、資金重新分配的做法，也可以讓價格的日複利輔助股利再投入的年複利，增加資產累積的速度。

舉例來說，假設小星投入本金 100 萬元，且以年複利 10% 的方式進行投資。則：

做法1》傳統存股法（忽略價差）

若是小星忽略了價差，則其資產累積 10 年可達 259 萬 3,742 元，累積 17 年可達 505 萬 4,470 元，但過程中卻不能動用這期間所產生的收益。

做法2》星大存股法（考慮價差）

若是小星把握傳統的 3 年 1 個小循環、5 年 1 個大循環的景氣波動（現在在全球化及資訊快速傳播下，循環的速度將會愈來愈快），利用價差交易方式，可加快資產累積。

例如小星在第 5 年景氣循環高點下，納進價差換股操作，

資產累積到 250 萬元，就可以將原本需要 10 年的時間縮短至 5 年多；在第 8 年景氣循環高點時，一樣價差換股累積到 500 萬元，同樣將原本要花 17 年的事情，縮短時間完成，加速資產累積速度（詳見表 1）。

當價差獲利協助投資本金倍數的成長時，就能更快速達到累積資產的目標，而當資產具備相當規模後，領息計畫才得以真正的將錢用在自己的身上，提升生活品質，而不是一味地只停留在股利再投入，形成看得到吃不到的狀態。同時，也可以只用一筆資金來重複操作，如此一來，將有更多的資金可以讓投資人來運用，做到邊投資、邊累積資產、邊使用收益豐富生活，而不用勒緊褲帶、期待未知的 20 年至 30 年後，靠著不確定收益的投資資產過生活了。

且有了停利換股、獲利領息的操作，原持股部位一定會有所下降，增加新的持股部位，同時達到了風險資產分散的效果，也就不需要糾結在企業永續經營的未知性上。如果持有的企業可以永續經營、長期配息當然好，萬一企業發生意外，也就只是獲利部位的少認列，在占整體資產比重有限下，也同時降低對整體投資資產的影響了。

表1 納入價差操作可讓累積資產時間縮短一半

傳統存股法vs.星大存股法

年度	傳統存股法（忽略價差）總資產（元）	星大存股法（納入價差）總資產（元）
0	1,000,000	1,000,000
1	1,100,000	1,100,000
2	1,210,000	1,210,000
3	1,331,000	1,331,000
4	1,464,100	1,464,100
5	1,610,510	**2,500,000**
6	1,771,561	2,750,000
7	1,948,717	3,025,000
8	2,143,589	**5,000,000**
9	2,357,948	5,500,000
10	**2,593,742**	6,050,000
11	2,853,117	6,655,000
12	3,138,428	7,320,500
13	3,452,271	8,052,550
14	3,797,498	8,857,805
15	4,177,248	9,743,586
16	4,594,973	10,717,944
17	**5,054,470**	11,789,738

註：1. 假設本金為100萬元，年收益10%；2. 假設第5年和第8年為景氣循環高點

這樣的投資操作概念可以應用在各式各樣的金融商品上，透過不斷賣出貴的商品、買進便宜的商品，產生各類不同的獲利領息商品。當獲利領息部位的規模愈來愈大，從池子變成湖，甚至海時，那整體投資資產就具備了承受市場景氣變化的能力。單一風險對整體資產的影響也就微不足道，可以達到穩定整體資產收益的效果。

不過一定有人會說：「投資哪有那麼好的？隨便都可以獲利。」當然，投資一定有風險，有獲利，就會有虧損的機會，但這就是要靠投資人學習、研究，持續精進自己投資操作策略了。

投資人要永遠記住，一切收益不可凌駕於風險之上，即使看到或聽到高收益、高報酬的標的，也要在完成需要做的功課後，才能進場。

2-2 透過3要件精挑標的納入存股口袋名單

在挑選投資標的時，很多投資人會將自己侷限在「可以持有好幾年」的選股條件下，進而可投資的標的就顯得寥寥無幾。但其實一家企業能夠營運多久，就跟人生一樣，是無可預測及瞬息萬變的。

如同 1-3 所説的，一家企業也許財務數字很健全，但卻可能因為 2 項無法規避的風險（客戶營運風險和經營者道德風險），致使營運出現問題，例如自動檢測設備廠德律（3030）就是一例。

2014 年，德律的高階主管出現道德風險，把整條產線給搬走，甚至自 2015 年起偷走重要客戶蘋果（Apple）的訂單，導致德律的營收自 2015 年起下滑，2016 年營收甚至較 2014 年衰退近 5 成，獲利大幅衰退 6 成左右（詳見表 1）。

| 表1 | 德律2014年～2016年獲利大幅衰退 |

德律（3030）2014年～2018年經營績效

年度	營業收入（億元）	稅前淨利（億元）	稅後淨利（億元）	每股營收（元）	每股稅前盈餘（元）	每股稅後盈餘（元）
2014	58.70	14.77	12.60	24.85	6.25	5.34
2015	47.54	12.46	9.99	20.13	5.28	4.23
2016	31.00	5.31	4.29	13.12	2.25	1.82
2017	36.01	7.16	5.95	15.25	3.03	2.52
2018	49.19	13.34	10.64	20.83	5.65	4.51

資料來源：XQ 全球贏家

　　幸好後來德律的經營階層應變得宜，整體營運才得以回升。但萬一沒度過呢？那以德律為存股標的、又不知道要停利的投資人，不就落得血本無歸的下場了？

　　而這事件該怎麼避免？避無可避。因為你永遠不知道公司哪位高階主管會在何時犯錯。但若是有對德律做獲利了結的投資人，除了賺到資本利得帶來的資產實際成長效益外，即使遭遇 2016 年獲利大衰退，股價下跌，影響的也只是獲利部位市值下滑的損失，若選擇全數賣出不續抱，對整體資產的影響亦不大。甚至，還可以在德律 2017 年

整體營收、獲利有回升跡象時，去研究判斷是否可再度進場操作。

至於獲利了結是全數賣出，抑或是獲利領息操作，都是實現資本利得，只是後者在歷經標的營運向下循環時，仍可持續參與標的的獲利分配。

又如同 2020 年年初爆發的新冠肺炎（COVID-19）疫情，雖然在 2019 年年底時，政府公告有提到傳染性疾病的警戒，但說真的，誰沒事會去看那些公告？即使看了，又能確保新冠肺炎一定會變成大流行？更別說預測疫情會影響旅遊業、觀光業相關企業的營運了。

不過，雖然有些事情無法預測，但從疫情對企業營運的影響可以看出，許多中、小型企業在疫情影響下根本撐不下去，然而大企業卻多有抵禦產業景氣變化時的底蘊。因此，如果投資人真的不知道該投資怎麼樣的企業，尋找該產業的龍頭股，也算是個可接受的選股方式。這也是元大台灣 50（0050）的選股基礎，從台股中挑選市值前 50 大的上市企業，且還會隨著市值的變化來調整前 50 大企

業成分股。

　那我們是否可以直接投資ETF就好了呢？若從風險分散，以及投資人不想面對自己選股會面臨到風險的角度來看，擁有一籃子標的的掛牌ETF的確是不錯的選擇。但仍不脫ETF只是1檔標的，當獲利了結賣出時，還是得找另1檔可以讓資產停泊處。

　因此，與其花時間去尋找「可安心持有好幾年」的標的（但無論何種標的，都必定含有客戶營運風險和經營者道德風險），我更傾向逐年、定時檢視持股。若持股符合繼續持有的標準則續抱；反之則賣出。至於該標的能持續持有幾年，並不強求與執著。

　雖然說投資個股會有難以規避的風險，但這不代表在選股時，不需要檢視個股的基本獲利能力、過去營運績效。

　對於存股投資人來說，應該善用個股的財務資訊，從中找到符合指標的投資標的，進而去掌握企業營運、獲利循環週期，透過獲利了結，降低總資金暴露在風險的時間，

並提升資產累積速度。畢竟誰都不想資產累積 5 年、10 年，甚至 20 年至 30 年，到退休時卻落得一無所有的地步吧（至少，持有標的要活得比自己久吧）？

而無論存股投資人要以怎樣的方式操作，是只進不出累積持股，等待未來領息模式，又或者在有限資金下，為增加資金效益而進行價差操作，擴大獲利領息部位長期投資，其挑選存股標的最基本的要求是會計師意見為「無保留意見」或「修正式無保留意見」（註1）。

此外，會以存股為主的投資人，通常會有一個考量點，那就是在投資過程中較無法盯盤。這個「無法盯盤」，除了上班時間與股市開盤時間重疊的因素外，其實還有更大的原因是「不知道要盯什麼」。所以在等待股價反映企業價值的期間，至少還得有「股利」這個小菜，讓投入的本金在等待收割期間，還有現金流的貢獻。

註1：雖然在光洋科（1785）財報作假的事件中，承辦的會計師事務所就曾經表示，若公司管理階層帶頭舞弊，簽證會計師恐怕也無能為力，不過，至少就可見的財務資料不能有問題。

因此，在挑選存股標的時，有符合以下條件的企業，就可以先納入存股口袋名單中（即可長期投資的標的，詳見補充知識）。注意！這邊是說納入存股口袋名單，並非指直接進場買進。

要件1》近7年＋當年度都可獲利、配息

投資人在挑選可納入存股口袋名單企業時，「每年都可獲利、配息」就是第1個基本要件。

企業營運有如四季都有循環，若是在景氣旺季或者其營運高峰時都無法獲利，要怎麼期待淡季到來時，能夠賺錢呢！反之，若是在淡季都可以賺錢，那旺季通常就只有賺更多。企業的獲利、配息可以有起有落，但對以股息為收入來源的存股族來說，不怕企業發得少，就怕1元都不發。

而企業的主要營運產品、服務項目，都會隨著時代的進程而變動（此非指產業的改變，而是主力產品的進步或者調整），去探討到10年、20年前的營運或者產品，似乎也沒有太大意義。所以不需要去探討企業成立以來的變化，

反而近幾年的營運倒有參考價值。我取的是「最近 7 年＋當年度」獲利預估的營運狀況，因為這已經包含 1 大循環與 2 小循環的營運狀況，還包括對投資年度的營運、獲利預估。

至於初上市（櫃）的企業，甚至興櫃企業，因為財報透明的年度低，可用作觀察指標的年度也少。加上企業在初上市（櫃）時，容易有業績灌水的跡象，除非投資人有特殊個人管道進行適度的了解，不然我較不建議直接納入存股的名單中，這類標的會建議在上市（櫃）至少 5 年的觀察期後再來考慮。

要件2》產品應用面廣泛、事業體多元

挑選可納入存股口袋名單企業的第 2 個要件就是「產品應用面廣泛、事業體多元」，最好還是人們生活中所需的消耗品、替代性低的產品，以降低營運受到單一產業、單一客戶循環週期的影響。

以手機產品為例，從手機供應鏈中挑選存股投資名單時，

補充知識　從個股營運獲利週期尋找可投資標的

在挑選存股標的時，我不會用毛利率一定要高於 10%、50% 或 80%；股東權益報酬率（ROE）要高於 15%、25% 或 30%；又或者速動比率要高於 100%，這類固定式的指標作為依據。因為每家企業都有其營運的特色，齊頭式的選股標準，漏掉績優股還好，萬一不小心把投機類的標的選進來，可就苦了。

而投資人在使用這類指標選股時也得留意。以企業的營運週期來說，在營運獲利的高峰時，毛利率、股東權益報酬率，甚至盈餘再投資比率都會是高的，但同樣的，股價反映企業營運獲利趨勢，股價也會是高的，這時進場，萬一是營運獲利趨勢的高原期，再來就是要面臨營運獲利的下滑了。

當企業營運獲利走勢開始下滑，反映在股價上，自然就是往下走了。所以比起定額式指標選股，個人更偏好從個股的營運獲利週期去尋找在該企業經歷其產業景氣循環、營運獲利的谷底時，仍然可以獲利的標的。

一般而言，經歷營運谷底的企業，在那時間，毛利率、股東權益報酬率及盈餘再投資比率之類的指標，大多會處在低檔，但同樣的，股價也處在相對低位置，之後只要等到產業景氣回升，其營運獲利也就會開始回升，股價也會上漲。

因此，去尋找景氣循環低檔仍具有基礎獲利能力的企業，遠比單一、固定式的比率指標更加重要。

最終端的產品——手機，就不會被我納進口袋名單，因為最終端產品手機是有替代需求的。就好像消費者在選購手機時，很少會有同時購買 2 支的情況，例如買了蘋果，就不會買 HTC。

但手機內、外部所需的被動元件、連接器、觸控面板、石英元件等，可就不是只有蘋果或者 HTC 才用得到，而是所有的手機產品都需要。且這些零件還不只手機會用到，甚至是所有與電子相關的產品（消費性、非消費性）都會需要。

因此，就替代性及應用面範圍來比較，晶技（3042）、禾伸堂（3026）等生產電子產品所需必要元件的公司，都會比生產終端產品的宏達電（2498）更適合納入存股的口袋名單。當然，若是手機只是該公司主要產品之一，那倒還可以列入考量。

除了挑選應用面範圍較廣的企業以外，事業體分布較廣的企業也可被列入。例如上市公司巨路（6192），除了程序控制事業體外，還有電子材料通路事業；上櫃公司中光

電（5371）有背光模組及投影機 2 大事業體。因各自事
業體的淡旺季不同，因此降低每季營運的差異，有助於營
運資金的穩定，讓整體營運、獲利的波動幅度相對穩定。

最後，可以符合產品應用面廣泛及多個事業體的企業，
雖然有主要客戶，但單一主要客戶占其整體營收最好不要
超過 1 成，如此才能降低單一客戶營運週期的影響。

當遇到單一客戶營運風險時，也較不會對投資標的的營
運產生重大影響（這等同於投資人分散持股的概念）。

要件3》有長期領息的大股東

基本上，符合前 2 項要件的企業，就可以先列入存股口
袋名單，若是其中有該產業的龍頭企業，屬於國內前 3 大、
區域前 3 大，或者全球前 3 大者，更是值得留意的企業。

若投資人在研究過後，還是擔心該企業是否為可長期投
資存股的標的時，那最後一個可以參考的指標，就是前 10
大股東中是否有「長期領息的大股東」進駐。

　　一般來說，除了策略合作、聯盟的企業會交叉持股外，很少有企業會無緣無故去大量持有一家企業的股票。雖然說在有 2 代健保補充保險費後，法人持股的現象會增加，因為董監及大股東為了節省龐大的 2 代健保補充保險費，會將持股移轉至免扣 2 代健保補充保險費的法人上，但仍是有可以參考的長期領息大股東。

　　怎樣的企業會只為了股利而投資呢？就是有固定收益需求的企業了，常看到的就屬「政府退休基金」、「國營事業」、「大型壽險公司」及「固定收益型基金」（最後這個國內很少見）。

　　因此，投資人在挑選存股口袋名單時，最後可參考「前 10 大股東中是否有長期領息的大股東」這一項指標，只是必須隨時留意這些大股東的動向，因為有時當投資標的的價格偏高時，這些大股東也是會換股的。

把握2個買進時機

　　存股口袋名單挑選完畢以後，可不是直接把錢丟進去就

好。雖說很多人認為存股投資不需要在意買進價格，因為
長期投資、配息下，成本的意義不大，但如同 1-2 所談到
的試算表「錯誤假設 3」，若是買進的成本過高，則要開
始收成的時間就勢必要拉長，時間長了變數也就多了。

那何時可以買進呢？有 2 個時機：

時機 1》股價落於低本益比、高殖利率時。

**時機 2》整體營運、獲利在循環中，處於持平、落底回
升時。**

符合以上 2 點才是進場的好時機，後面 2-3、2-4，我會
加以詳細說明。

2-3 估算本益比、殖利率區間 進一步抓準買賣點

本益比與殖利率是市場中,最常用來評價個股股價是否偏貴或便宜的指標。在低本益比、高殖利率時,通常代表著股價便宜;反之,高本益比、低殖利率則代表股價偏貴。

但怎樣算是高本益比呢? 10 倍算高?還是 20 倍算高?又或者怎樣算低? 5 倍?或者 10 倍?同樣的問題也落在殖利率上,怎樣的殖利率算高?到底是 5% 算高,還是 8%?

勿以數字絕對值來判斷個股殖利率高低

有些人會用特定數值去衡量,但我認為,本益比與殖利率的高低並不是這樣判斷的,因為市場上每一家公司都是獨特的,各自有其營運策略、風格、客戶種類及產品結構。甚至雖然產品相同,但因為主打市場的不一樣,淡旺季及

交易習慣都會有差異。

　　因此，本益比與殖利率的衡量應以企業為主，而非以普遍的產業或市場、個人印象、感受為依據。而投資人更應該避開個人高殖利率感受陷阱，以及產業平均本益比的概念，去找出屬於該企業獨有的本益比及殖利率區間後，再判斷其高、低值。

　　舉例來說，電子通路股因賺的是管理財，雖然毛利率低，但在營運成本、費用的有效控管，以及市場需求的敏銳判斷，常能年年穩定獲利、配息。因為通路股的產業特性，通常財務結構會較其他產業薄弱，因此市場給的評價並不高，使其成為高殖利率標的的常客。但是殖利率數值高，就代表它是高殖利率股嗎？我們直接舉 2 個範例來看，就能了解：

範例1》豐藝（6189）

　　以個人持有獲利領息部位的豐藝為例，這家企業是在眾多以領息為主的投資人非常青睞的標的，也是每年報導具高殖利率標的時的常客，以其在 2016 年預計配發 3 元現

金股利，股價 34.8 元計，殖利率約為 8.62%。在媒體、專家與投資人的個人感受中，殖利率 8.62% 的豐藝應該算是高殖利率股票了！

但翻開豐藝過去 7 年（2016 年時，期間為 2009 年～2015 年）的資料來看，殖利率區間（現金股利、股票合計）為 13.09% ～ 8.2%，換算股價區間為 22.92 元～ 36.59 元。從這些數字可以清楚看到，豐藝 2016 年 8.62% 殖利率雖受到個人感受的青睞，但以其過去殖利率區間來說，8.62% 已接近低殖利率位置了。

事後來看，豐藝 2016 年的股價走勢，從 3 月底公布年度財務報表及股利政策後，至 7 月的除權息走勢，其當年度股價最高位置僅來到 36.05 元（2016.07.18 最高價，詳見圖 1）。

雖然豐藝 2016 年的殖利率 8.62% 位於低殖利率位置，但投資人就不可以布局參與除權息嗎？這就得視投資人是否願意承擔未來該股股價往高殖利率方向移動，所產生近 34.14%（＝（22.92 元－ 34.8 元）÷34.8 元

圖1　**豐藝2016年股價最高價為36.05元**
豐藝（6189）日線圖

註：資料時間為 2016.01.04～2016.12.30　　資料來源：XQ 全球贏家

×100%）的帳面未實現損失的意願了。若願意者，當然可以買進，但若不願意，就得考量一下其利弊得失了。

又或者投資人可以透過預估配息的方式，提前在股利政策公布前（即 3 月底財報公布前）進場布局，只是這得熟悉該公司前 1 年度的營運狀況，且需具備計算全年獲利及預估配息政策的能力，才能夠提前布局。

當然，還是要回到一開始的問題，很多投資人會用當年
度的配息去試算未來 N 年的配息狀況，推估領多久的股利
可以將成本降至獲利的程度。不過別忘了，股價反映的是
企業未來營運獲利走勢，當股價下跌，代表企業未來獲利
的下滑，企業獲利下滑代表股利下滑，一廂情願地以 1 個
年度的配息作為未來 N 年開始獲利的依據，是很不切實際
的做法。

範例2》巨路（6192）

另一個例子為 2016 年同樣被報導為高殖利率個股的巨
路，以當時預計配發 3 元現金股利，股價 46.2 元計算，
則殖利率約為 6.49%。殖利率 6.49% 比同期豐藝的 8.62%
低，但這 2 檔股票究竟誰是高殖利率股呢？繼續看下去。

巨路過去 7 年（2016 年時，期間為 2009 年～ 2015
年）的殖利率區間為 7.04% ～ 4.59%，推算股價區間
42.64 元～ 65.34 元。以當時股價 46.2 元來看，巨路算

註 1：若要用殖利率 6.49% 來判斷也可以，結果是一樣的。

圖2 巨路2016年股價最高價為55.9元

巨路（6192）日線圖

註：資料時間為 2016.01.04 ～ 2016.12.30　　資料來源：XQ 全球贏家

是處在殖利率區間的高殖利率位置了（註1）。

事後觀察巨路 2016 年的股價走勢，從 3 月底公布年度財務報表及股利政策後，至 7 月的除權息走勢，雖然股價沒有劇烈上漲，但其股價都在高殖利率位置慢慢墊高。而巨路在 2016 年年底出現最高價 55.9 元後，也是慢慢朝向低殖利率區間移動（詳見圖 2）。

　　為何用個人感受來判斷殖利率的高低並加以操作，是危險的？從豐藝與巨路這 2 個案例就可以明確比較出來。那到底高殖利率股是什麼？對我而言，其實高殖利率股跟殖利率是 6% 或 8% 無關，只有當股價落在該個股殖利率區間的高殖利率及平均值間的位置時，才算是高殖利率股。

　　雖說就一般投資人的感受上，6%、8% 都算是高殖利率，但這很容易讓投資人陷入陷阱，繼而賺了股息、賠了價差。因此，在考量股價波動下，對於殖利率及本益比的高低，仍須回歸個股專屬的本益比、殖利率區間。

　　若是投資人真正計算出個股自有的殖利率區間，進而判斷殖利率的高低，就可以有很大的機會賺了股利，同時還可以賺到價差。而這樣的概念同樣適用在本益比的使用上，若投資人可以同時布局到屬於低本益比及高殖利率的標的，就讓自己在投資的道路上，大大提高獲利的機會！

　　這一來一往的差別，對於會兼做價差操作的存股投資人來說，獲利實現帶來的資產實質成長，就會在不斷的累積下，與單純領息的存股投資人相比，在資產累積的速度上，

產生明顯的差距。

　　但要注意的是，「企業獨有的本益比、殖利率區間」這種評估方式，必須每年都對個股進行評估，因為企業每年的營運都有變化，所以投資人要隨時對持股進行動態研究，依據企業營運的變動，對價格區間及買賣價格接受度做出適當的調整。

　　前面我用 2 個範例和大家說明，不要以普遍的產業或市場、個人印象、感受作為依據，判斷股價是貴或便宜。以下我要來教大家，如何利用企業的財務資料，找出該企業獨有的本益比區間和殖利率區間。

　　本益比和殖利率都是市場上很常用來評估個股價格位置的工具，這 2 項指標都與企業獲利有關。

　　我相信市場上有操縱個股走勢的藏鏡人，你可以稱之為公司派、主力、大戶或法人。不過，稱呼不重要，重要的是這樣的一股勢力，足以影響股價。但這股勢力也不是傻子，一味地亂拉抬、亂砍價格通常只會傷到自己。

　　股價反映企業未來營運獲利的表現，所以這股勢力就掌握了企業未來營運獲利表現的資訊，進而對持股做出買進、賣出的決定。

　　而這股勢力也是對該企業的營運獲利本益比、配息殖利率有所要求，也就是可以接受與不接受的程度，最後積年累月下，就會產生一個本益比跟殖利率的區間。這就是這股勢力對於這家企業的獲利、配息表現所可以接受的價格區間。

　　掌握本益比及殖利率的區間後，只要可以估算出當年度的獲利，就可進而推算出未來 1 年該股票可能的價格波動區間，進而增加操作獲利的機率。

以近7年獲利、配息政策，推估股價波動區間

　　至於如何掌握本益比及殖利率區間呢？我是以 1 家企業近 7 年（2-2 說過這包含營運週期的 1 大循環及 2 小循環）獲利、配息政策對應當年度股價最高價與最低價所產生的平均本益比、殖利率區間，並以預估當年度獲利及配息狀

圖3　**台積電本益比區間為12.41倍～17.47倍**
台積電（2330）歷史數據與股價活動區間

平均值	年度	2020(預估)	2019	2018	2017	2016	2015	2014	2013
890,024.43	合併營收(百萬)	–	1,069,985	1,031,474	977,447	947,938	843,497	762,806	597,024
48.61	毛利率(%)	–	46.05	48.28	50.62	50.09	48.65	49.51	47.06
304,621.71	稅後淨利(百萬)	–	345,344	351,184	343,147	334,338	306,556	263,764	188,019
259,300.14	加權平均股本(百萬)	–	259,304	259,304	259,304	259,304	259,304	259,297	259,284
51.38	淨值	71.23	62.53	64.67	58.70	53.58	47.11	40.35	32.71
24.40	ROE	26.83	20.93	21.95	23.56	25.59	27.02	27.84	23.93
6.57	股息	10.41	9.50	8.00	8.00	7.00	6.00	4.50	3.00
11.75	EPS	19.11	13.32	13.54	13.23	12.89	11.82	10.18	7.26
151.68	企業價值	233.75	161.72	174.43	169.05	167.41	155.77	137.78	95.62
209.21	最高價	–	345.00	268.00	245.00	193.00	155.00	142.00	116.50
147.41	最低價	–	206.50	210.00	179.00	130.50	112.50	100.50	92.50
54.49	配息率	54.49	71.32	59.08	60.47	54.31	50.76	44.20	41.32
17.47	本益比(高)	–	25.90	19.79	18.52	14.97	13.11	13.95	16.05
12.41	本益比(低)	–	15.50	15.51	13.53	10.12	9.52	9.87	12.80
3.18	殖利率(高)	–	2.75	2.99	3.27	3.63	3.87	3.17	2.58
4.47	殖利率(低)	–	4.60	3.81	4.47	5.36	5.33	4.48	3.23

註：本益比和殖利率旁的（高）（低）是以股價做區分
資料來源：CMoney 理財寶・恩汎──獲利領息價值股

況，推估當年度的股價波動區間，作為我們操作該股票的
參考價格。

以台積電（2330）為範例（詳見圖3），近7年（2020
年時，期間為2013年～2019年）的獲利、配息所產生
的平均本益比區間為12.41倍～17.47倍，平均殖利率

區間為 4.47%～3.18%。

1.計算本益比價格區間：須先預估當年度的獲利表現

　　以台積電 2020 年估算的每股稅後盈餘（EPS）為 19.11 元來看，若將之乘以近 7 年的本益比區間 12.41 倍～17.47 倍，就可以得到本益比價格區間為 237.16 元～333.85 元。

2.計算殖利率價格區間：須先預估明年的股利

　　以台積電 2020 年估算的 EPS 為 19.11 元來看，若將之乘以近 7 年的平均配息率 54.49%，可推估台積電配發的股利約為 10.41 元。算出預估股利之後，再以近 7 年的殖利率區間 4.47%～3.18% 去換算，可以得到殖利率價格區間為 232.89 元～327.36 元。

以「中間價」作為進出場參考依據

　　算出本益比價格區間和殖利率價格區間後，就能找出該檔個股的買進價和賣出價。我在前一本書《我的零成本存股術》中有教大家價格區間的判定方式，這裡再幫大家複

習一下。

　為了可以買得到，亦可賣得掉，所以我們將買進價設為「低本益比價格（237.16元）與高殖利率價格（232.89元）取其高」，即237.16元、將賣出價設為「高本益比價格（333.85元）與低殖利率價格（327.36元）取其低」，即327.36元。最後取得該股的價格操作參考區間為237.16元～327.36元，這就是未來1年內該股股價波動的區間。

　算出股價波動區間以後，我會再多取一個買進價和賣出價的中間價（282.26元）作為參考。這時會出現3種情況：

情況1》股價處在買價與中間價之間
　若股價處在買價與中間價之間（237.16元～282.25元），視為股價落在相對低的區間，此時可以考慮買進。

情況2》股價剛好落在中間價
　若股價剛好落在中間價（282.26元），須判斷明年的營運獲利是否持續成長，若是持續成長，則明年股價區間

會向上調;反之,則不適合了。但如果無法判斷呢?既然股價對於獲利表現都已反映了一半,就放手先找下一個吧!

情況3》股價越過中間價

若股價越過中間價(282.27 元～ 327.36 元),視為股價落在相對高的區間,此時則可考慮賣出,獲利了結。

股價區間的概念也可以反過來做,例如,想知道 600 多元的台積電能不能投資?這時就可以從本益比及殖利率去回推。延續前面的概念,若是 600 元要屬於便宜,那 600 元必定為中間價以下。因此,我們可以假設 600 元為中間價,那本益比區間的中間值落在約 14.94 倍(=(12.41 倍+ 17.47 倍)÷2),由此可以推估 EPS 至少要落在 40 元左右(= 600 元 ÷14.94 倍),此時投資人就可預估當年度營運獲利能否達成目標,進而判斷此時是否適合進場布局。

投資人有時會聽到投資機構拉高本益比的做法,其實就只是對於價格與未來營運獲利展望的容忍值。同樣以台積電為例,如果 2021 年賺 30 元,600 元的股價算貴,但

是如果 2022 年可以賺到 40 元呢？那在 2021 年買進，就可以享受 2022 年的收益了，這就是容忍值，犧牲 1 年的買貴，去期待明年的便宜。至於投資機構或投資人對於中意的標的，可以有幾年的容忍值？那就是各自應該去思考的問題了。

　　若能對於不同的投資操作方式敞開心胸，不用糾結在持有長期就是投資、短線操作就稱為投機，不被固有僵化的觀念所束縛，而是以正確的心態去看待股票投資操作這件事，股利是收益、價差也是收益，目的就是要在有限的資金下，累積自己的資產。那投資人的操作便可以更加靈活，除了降低資金在時間價值下的風險，也讓資產累積的速度能夠更快，能更早達到目標。

2-4 掌握股市每年循環週期 有助提升獲利機會

　　除了掌握企業營運的基本面外，其實股市每年的操作都有大致上時間的循環。只要投資人能掌握這種循環週期，提前布局，獲利的機會就能大幅提升。

　　一般來說，每年第 1 季承襲前一年度第 4 季末的營運展望，加上西元曆及農曆封關行情，市場這階段處在做夢與預測的上漲行情。直至年度財報 3 月、4 月陸續公布後見光死，或者利多出盡，開始回檔。

　　而在年度財報公布下，各上市櫃公司也將陸續開董事會通過股利政策，搭配股市的回檔，此時（第 2 季）正是布局 6 月起除權息行情（註 1）的最佳時期。

　　之後，隨著高殖利率股股價上漲使之逐漸變成低殖利率股，市場獲利了結及反映當年度營運獲利表現狀況的氛圍

形成，個股股價又會從 9 月開始走弱。

　但這時會有一個族群走不同的方向，那就是當年度營運獲利表現、展望佳的標的，在多數個股大多呈現回檔走勢時，這個族群將會上演填權息行情（註 2）。

　只是填權息後，第 4 季營運淡季的影響亦將至，股市在第 4 季又會呈現跌多於漲的情況。最後再接回前頭 11 月至 12 月的法説會、未來展望布局期。

　所以，大致來説，台股 1 年大盤的漲跌勢週期，在沒有突發事件下，會由前一年度第 4 季末漲到第 1 季中，然後開始回檔至第 2 季末，接著第 3 季的除權息行情、多數產業旺季，以及填權息行情上漲至第 4 季初，接著陸續回檔至年度末再起漲勢。

註 1：除權是上市（櫃）公司發放「股票股利」；除息是上市（櫃）公司發放「現金股利」。

註 2：填權息行情是指一檔股票在除權息後，未來股價又回到除權息前一日的收盤價位。

每年「除權息祭」是提升績效的最佳時機

對於投資人來說，每年 6 月～ 8 月的「除權息祭」，是投資人擴大 1 年收益、投資績效的最好時機。

原因在於配息政策取決於企業前一年度的營運、獲利表現及歷年保留盈餘，所以除權息行情是一整年股市中，唯一漲「過去」的行情，也就是漲「已知」的行情。

這表示就算投資人沒有預估企業獲利的能力，甚至對企業未來營運狀況沒有概念也沒關係，因為「除權息祭」是漲「過去」的行情，所以即使投資人等到配息政策確定（企業大多在 3 月至 4 月底之間會公布），再決定是否進場都還來得及。

當然，雖說「除權息祭」是漲「過去」的行情，但如果投資人能夠在企業公布前一年度財報前就先預估獲利狀況，再藉著近 7 年平均配息率換算出配息政策，進而從殖利率區間判斷股價所處的位置是貴或便宜，再擬定操作策略，那整體的獲利就有機會較配息政策公布後才進場高了（詳

圖1 **從近7年平均配息率可換算出配息政策**
「除權息祭」操作策略

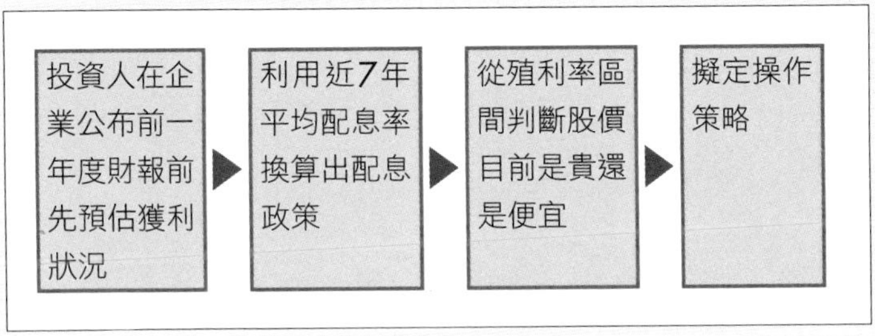

投資人在企業公布前一年度財報前先預估獲利狀況	→	利用近7年平均配息率換算出配息政策	→	從殖利率區間判斷股價目前是貴還是便宜	→	擬定操作策略

見圖1）。

　　企業通常會在每年2月底起陸續公布前一年度的獲利數字，並公布配息政策。接著媒體就會開始分類，何者屬於高殖利率股票，可能會有除權息的行情。至於如何去判別個股為高殖利率股？2-3我們已經有說明過。接著呢？就是個股的「填權息」行情了。

　　高殖利率股是看個股股價處在殖利率區間的位置來判斷，那填權息呢？如何挑選具備高填權息機率的標的呢？由於股價會反映企業未來營運獲利走勢，所以可以從當年度個

股營運獲利的表現來尋找填權息機率高的標的了。

我們同樣以 2016 年的巨路（6192）、豐藝（6189）為例。以 2016 年上半年（與 2015 年同期相比）的營運、獲利表現來看，豐藝整體獲利表現弱於巨路（註 3）。

以整體營運、獲利結構來看，豐藝在分割高毛利、獲利子公司勁豐（6577）後，從原本的 100% 認列降至持股比率認列，加上低毛利率產品比重提升，雖至第 2 季後的累計營收（889 萬 1,800 元）較前一年度同期（852 萬 9,700 元）成長，但整體毛利率（16.53%）卻是較前一年度同期（17.77%）下滑，致使整體獲利出現衰退現象。

反觀巨路，則是歷經 2 年的產品、營收結構調整後，雖然至第 2 季累計營收（233 萬 1,900 元）表現仍是較前一年度同期（245 萬 200 元）下滑，但在毛利率（56%）

註 3：豐藝 2016 年上半年營收增加，但毛利率、稅後淨利齊降；而巨路是營收降，毛利率、稅後淨利齊增，所以巨路的獲利表現優於豐藝。

表1 巨路營收較前一年同期下滑，毛利率卻提升

豐藝（6189）vs. 巨路（6192）獲利表現

項目	豐藝（6189）			巨路（6192）		
	2015	2016		2015	2016	
	Q1+Q2	Q1+Q2	年增率（%）	Q1+Q2	Q1+Q2	年增率（%）
營業收入（萬元）	852.97	889.18	4.25	245.02	233.19	-4.83
營業毛利（萬元）	75.78	72.75	-4.00	66.21	65.25	-1.45
毛利率（%）	17.77	16.53	-6.98	54.17	56.00	3.38
營業利益（萬元）	33.01	30.45	-7.76	27.3	28.17	3.19
稅後淨利（萬元）	23.75	21.02	-11.49	20.9	23.93	14.50

註：年增率是與前一年度同期做比較，採小數點後第二位四捨五入計算
資料來源：公開資訊觀測站

較前一年度同期（54.17%）上升的情況下，整體的獲利表現卻是有恢復成長動能的跡象（詳見表1）。

由於股價會反映未來營運、獲利表現，巨路在2016年整體營運獲利成長的預期較豐藝為高下，加上除權息後，巨路的股價仍處在波動區間相對低檔，也就是低本益比的

位置，巨路在除權息後的填權息機率，自然就會較豐藝來得高。

　　追蹤後續，巨路在 2016 年除權息後的股價走勢，也一如預期般，在獲利成長動能的驅使下，股價順利填息；反觀豐藝，在當年度（2016 年）各季財報陸續公布後，雖整體營收仍是成長，但在毛利率下滑下，整體獲利呈現衰退的狀況，致使後續股價填權息的力道薄弱，甚至出現貼息的走勢（詳見圖 2）。

　　雖說一時的股價填息、貼息，並不能代表未來企業就會永遠填息、貼息，但若投資人是打著要投資高殖利率股票，可以同時參與除權息行情及填權息行情的算盤時，就要避免以個人的感受度去挑選所謂的高殖利率股，而是要以預估個股當年度營運獲利的展望，挑選出當年度營運、獲利成長（無成長則最低要能持平）的標的，並同時在股價處於操作區間——低本益比、高殖利率的標的布局，才會有較高的機率可以在參與除權息行情後，再參加一個填權息行情。無形中就提高了獲利的機率，透過價差擴大投資效益，加快投資部位的成長。

圖2 經歷2016年除權息後，巨路漲、豐藝跌

巨路（6192）日線圖

豐藝（6189）日線圖

註：資料時間為2016.01.04～2016.12.30　資料來源：XQ 全球贏家

提前預估企業獲利走向，才能愈早在低檔布局

一般來說，本益比區間和殖利率區間的應用都是合併使用。如同 2-3 所說，「低本益比、高殖利率價格取其高」、「高本益比、低殖利率價格取其低」來搭配應用。不過，亦可以如上述豐藝和巨路的例子，投資人可以在參加除權息時看殖利率區間、參加填權息時看本益比區間，來分開使用。

但在使用殖利率區間時須留意，只有在參與除權息行情時，可以使用過去、已知的配息數據作為參數，判斷殖利率區間；當除權息結束後，因為已經沒有除權息了，這時殖利率的應用就得回歸到「預測」的數值。而本益比則沒有過去或預測的問題，一律都是用預測的數值。

同時，因為我們的本益比都是用「預估」的數值作為參數，也就避免掉市場常用產業別區分本益比的用法，可以一致性的用低本益比買、高本益比賣。例如常聽到的「景氣循環股要買在高本益比時、賣在低本益比」這句話，之所以會有此結論是因為股價會反映未來營運獲利情況，當

遇到景氣低迷、獲利衰退，股價會向下修正，此時搭配前一年度的高獲利，就會產生低本益比的情形。當遇到景氣回升、獲利大幅成長時，股價又隨之上漲，搭配前一年度的低獲利的每股稅後盈餘（EPS），就會形成高本益比的狀態了。

雖然從這邊看起來，「景氣循環股要買在高本益比時、賣在低本益比時」似乎對操作也沒有壞處，但卻是完全詭異的結論，因為這偏離「股價反映未來營運狀況」的概念，有點倒因為果了。

所以，「預估」仍是投資人尋找下一檔投入資金標的最重要的功課，唯有愈早預估到企業營運獲利走向成長，才能愈早在低檔布局。獲利空間愈大，投資人操作的心態也就愈坦然，愈能等待營運獲利成長展現時，拉高獲利的機率及收益比率，滾大資產，降低資金在市場的風險。

Chapter3

透過實戰應用
強化投資知識

3-1 ► 存股與價差操作雙線並行 進可攻、退可守

在 Chapter 2 中，我們知道了存股口袋名單的挑選指標，以及本益比區間及殖利率區間的計算方式；而我將在 Chapter 3 繼續說明挑選與布局標的的實際運用方式，並透過個股的實際案例演練，幫助大家進一步了解使用的方式與時機。熟練這套方式後，將有利於跟我一樣資金有限的小資投資人。

前面 2 章有提到，投資人可以透過適時地獲利了結，提升資金效益，加速整體資產的累積。如果不做價差，以每年投入薪資一半（30 萬元），5% 的股利再投入複利計算，要 20 年才能完成，期間還無法應用該筆資金。

但實際上，由於我沒有忽略價差的效益，讓自己本來預期 5 年後可回收 2008 年金融海嘯時賠掉的 200 萬元，最後只花了 3 年（2011 年），持股市值就回到 200 萬元

以上。

2012 年，我的股票總市值更達到 500 萬元，年領股利
27 萬元，並不再從每月可支配所得中投入新的資金。在不
投入新資金、股利拿出來使用的情況下，2 年（2014 年）
後，更累積逾千萬元市值的總持股部位，當年年領股利達
70 萬元以上。

從資金效益及資產累積速度來看，在投資市場中，價差
無論如何都是主菜（主要獲利來源），而配息就像是配菜
了。至於是要一開始就選擇「只吃配菜、不吃主菜」，還
是「只吃主菜、不吃配菜」，或者「吃主菜兼吃配菜」，
這沒有對錯，僅是選擇的問題。

若企業本業出現虧損，須自存股口袋名單中剔除

那要如何進行價差操作與存股操作的「雙線並行」投
資呢？我們可以先從存股口袋名單著手（挑選方式詳見
2-2），從中挑選「當年度毛利率上升、獲利上升，且股價
處在相對低位置（利用本益比、殖利率法做判斷）」的標的，

這些標的就是當下的「短期操作名單」。

　　這個「短期」可以是 1 天，也可以是 1 年。不過，若是投資人不小心錯過了賣點，或是遭遇系統性風險也不需要太擔心，別忘了這些標的乃是從存股口袋名單中選出來的，皆屬於長期穩定獲利、配息的標的，萬一遭遇市場系統性風險，雖仍會套牢，但因其具有即使景氣再差都能獲利、配息的優勢，頂多就是再多等個循環，期間領息等待，等待下個獲利循環，再進行價差獲利了結就可以，算是進可攻、退可守的標的。

　　透過上述方式進行資金操作，方能看長（投資標的具備長期投資條件）、做短（在獲利成長期，期待價格反映獲利成長預期）、滾資金（透過價差獲利實現，將帳面未實現獲利轉變成實際資產）、收息（建構長期獲利領息現金庫），是一種可長可短的投資操作模式。

　　不過要注意的是，就一個長期可以獲利、配息的企業來說，其營運無論是處在大環境景氣變化的哪個階段，也都是會有週期的變化。若企業本身的營運週期搭上了大環境

的景氣週期，會有加乘的效果。例如當企業獲利良好，碰上大環境景氣熱絡，則其獲利表現會加倍反映；反之，當企業獲利衰退，碰上大環境景氣蕭條，則其獲利表現也會有加倍衰退的情形，但都不至於變成虧損。

　　而存股口袋名單中的個股，就具備以上特點，但並不包括「變成虧損」這部分。萬一出現虧損的情況時，投資人就得多加留意，是因為業外一次性的因素，還是因為產業競爭下，已不具競爭力了。

　　因此，若存股口袋名單的個股，在單一年度的本業營運呈現虧損時，就需要留意並調整，甚至把它從存股口袋名單中移除。那何時可以把它加回來呢？只有當這家企業連續7個年度恢復獲利，且當年度（也就是第8個年度）仍獲利時，才可以再把它加回到存股口袋名單中。

從企業毛利率、營收、稅後淨利，掌握營運週期

　　至於存股口袋名單中的標的，何時可以進場布局呢？可以從毛利率的變化下手。

　　毛利率的計算方式為「毛利率＝營運收入－營運成本」，從這可以看出，毛利率是企業營運獲利最基礎的條件。雖然毛利率的高低通常代表了企業產品製作的難易、在產業鏈中的競爭力、重要性，但卻不是用來比較企業間的高低（例如毛利率 50% 的企業不代表較毛利率 7% 的企業值得投資），而是用來觀察企業的營運變化，並據以評估企業營運獲利的週期方向。

　　一般來說，不論上、中、下游企業都一樣，企業每季的營運都有其規律性，當單季毛利率開始出現變化時，也就代表該季產品的狀況出現了變化。當有新產品、新技術、新應用、高毛利率產品比重提升，以及需求大於供給時，整體產品組合的毛利率通常呈現上升；反之，則會呈現毛利率下滑的狀況。

　　在其他條件不變下，毛利率成長通常就是企業產品結構（售價、成本、產品組合比重）優化的象徵。所以當存股口袋名單中的企業發布季度報表，發現毛利率有「當季度及累計毛利率較前一年度同期成長」時，就可以把其從存股口袋名單中移至短期操作名單中，持續追蹤與布局了。

只是企業營運通常不會只有一種變化，營業收入、營業費用與業外收益／損失，也常會影響企業最後的獲利成長、衰退狀況。

其中，比較要注意的是業外收益／損失部分，若其為一次性業外收益／損失，例如處分不動產及設備、匯兌損益等，雖短期會對股價造成影響，但長期而言，市場資金仍是關注在本業的發展。但若業外收益／損失非屬一次性，而是持續性的造成稅後淨利轉為虧損（通常主要為採權益法認列之投資損益項目），那麼投資人就得留意了。

因此，毛利率、營收與稅後淨利變化，是觀察企業營運獲利週期的重點。至於一次性的業外收益／損失，不是說不重要，而是投資人只要在當下做出反應，適度降低影響或取得收益就可以了。

就過去操作的經驗歸納，企業的毛利率、營收、稅後淨利之間幾項的變化，例如：毛利率、營收、稅後淨利三者同漲；毛利率、稅後淨利同漲，營收衰退；毛利率衰退，營收、稅後淨利同漲等，若搭配當下股價落於操作區間相

表1 **毛利率、營收、稅後淨利皆成長，報酬最高**

企業毛利率、營收、稅後淨利與報酬之間的變化

毛利率	營收	稅後淨利	本益比／殖利率區間	報酬
成長	成長	成長	便宜	最高
成長	衰退	成長	便宜	次高
衰退	成長	成長	便宜	最低；若出場太慢，還可能虧損

對低時，後續股價上漲的機率都極大。其中，又以毛利率、營收、稅後淨利三者同漲，搭配股價處在區間相對低的個股，投資人可得到的報酬最豐碩（詳見表1）。

3-2 利用現有資訊 準確預估企業獲利

3-1 已教大家如何挑選短期操作名單，並把握進場布局的時間，但在投資市場上，股價反映的是企業未來發展，而不是過去，因此企業過去的財務變化，對目前投資的幫助有限，我們必須學會「預估獲利」，也就是預估企業未來營收、毛利率及稅後淨利會有怎樣的變化，才能提高投資勝率。以下，我會教大家，如何利用現有資訊來預估獲利。

預估獲利在我的投資操作中，占了很大的重要性，因為只要預估獲利的數值愈貼近企業實際的表現，再從每股稅後盈餘（EPS）與預估配息推估出本益比及殖利率操作區間，就會愈貼近個股在市場中股價的表現。

預估獲利流程分為2種情況

在預估獲利流程中，分為營收已知與營收未知 2 種情況

（詳見圖1）：

情況1》營收已知

在營收已知的狀況下，預估獲利可分為2步驟：

步驟①》判斷毛利率變化：在推估企業營運獲利時，判斷整體毛利率走勢是相當重要的一環，因為這會影響我們去取得對應獲利的數值。毛利率的判斷方式有下列幾種：

❶透過企業同期毛利率的比較，判斷其營運週期中產品組合的變化：若1家企業當年度毛利率較同期呈現成長時，就可以判斷其營運週期有機會走向正向循環。

❷觀察企業相關新聞：當新聞中出現企業有新產品、新應用推出、缺貨轉單、高毛利產品比重提升、漲價題材等，以及最常見的透過購併毛利率較高的對象，達成毛利率、營收、獲利成長的「三贏」局面，這些都是屬於較為正面的資訊；反之，如果遇到庫存調節、降價搶市、促銷、產能稼動率下滑等負面資訊，就是對毛利率走勢比較不好的了。這些都是在閱讀新聞資訊時，可以多加留意的消息，

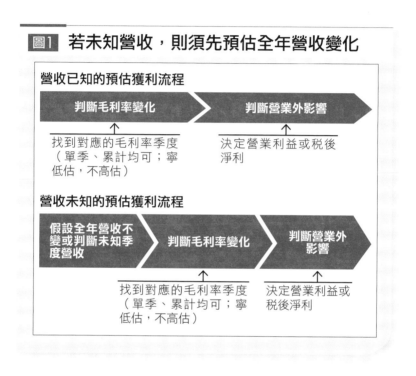

圖1　若未知營收，則須先預估全年營收變化

營收已知的預估獲利流程

判斷毛利率變化　　　　　　判斷營業外影響

找到對應的毛利率季度　　　　決定營業利益或稅後
（單季、累計均可；寧　　　　淨利
低估，不高估）

營收未知的預估獲利流程

假設全年營收不　　　判斷毛利率變化　　　判斷營業外
變或判斷未知季　　　　　　　　　　　　　影響
度營收

找到對應的毛利率季度　　　　決定營業利益或
（單季、累計均可；寧　　　　稅後淨利
低估，不高估）

進而用來判斷企業毛利率的變化（詳見圖2）。

❸從過去季度的毛利率表現中，尋找毛利率表現相近的
季度：這個對應的季度，可以是單季，也可以是累計季度。

步驟②》評估業外收益／損失對獲利的影響數：判斷完

毛利率變化以後，接著就是評估企業歷年業外收益／損失對整體獲利的影響數。

基本上，若是業外收益／損失對整體獲利的影響數在 1 成左右，都還是可以直接從稅後淨利去計算；但若是影響數高於 2 成，甚至到了 5 成以上，這時保守做法就會從營業利益著手，再去增減業外收益／損失的影響數，進而推估稅後淨利。

情況2》營收未知

若是在營收未知的狀況下，那就必須先預估全年的營收變化，再進行營收已知的 2 個步驟（判斷毛利率變化和判斷營業外影響）。前面是講述有關獲利預估的流程，實務上，獲利究竟該如何預估？投資人可依據自身財報研究的能力，做不同方式的獲利預估。常見的方法有下列 5 種：

方法①》從歷年各季營收、毛利率、營業費用率、業外收益／損失及稅率變化，逐季推估稅後淨利：除非有未知的、對獲利有重大影響的事件，不然方法 1 計算出來的獲利預估，算是一種非常貼近實際獲利狀況的預估方式。但

圖2 新產品、客戶需求成長等，屬於正面資訊

利用新聞判斷企業毛利率變化

新產品、新應用打進新客戶、原產品新客戶、新市場、客戶需求成長、轉單、購併、高毛利率產品比重提升等 ▶	**正面資訊**
庫存調節、降價搶市、促銷、產能稼動率下滑等 ▶	**負面資訊**

這樣的計算方式，投資人必須對企業營運、獲利的資訊有相當程度的掌握，不然很難著手。而這樣的估算方式雖然麻煩、瑣碎，但準確度高，而且可以幫助投資人訓練自己對市場資訊的解讀與判斷，整體而言是利大於弊。雖然對初學者來說，會花費較多時間在研究上，不過當你熟練以後，瞬間就能做出判斷。

　　計算方式：假設Ａ企業加權平均股數約4億7,000萬股，前一年度合併營收80億元，預估當年度營收成長20%，預估毛利率35%，營業費用率12%，無重大業外收益／損失狀況，且過去年度平均稅率約20%，配息率約80%（採

四捨五入計算,以下同)。

　　首先,可以利用現有數據推估全年合併營收約為 96 億元(= 80 億元 ×(1 + 20%))、毛利為 33 億 6,000 萬元(= 96 億元 ×35%),營業費用 11 億 5,200 萬元(= 96 億元 ×12%)。

　　接著,便可推估營業利益為 22 億 800 萬元(= 33 億 6,000 萬元- 11 億 5,200 萬元),由於無重大業外收益/損失,故預估稅後淨利約為 17 億 6,600 萬元(= 22 億 800 萬元 ×(1 - 20%)),EPS 約為 3.76 元(= 17 億 6,600 萬元 ÷4 億 7,000 萬股),配息約為 3.01 元(= 3.76 元 ×80%)。

　　之後就可以代入本益比、殖利率區間來預估股價操作參考區間。當然,若是這麼單純的情況,也可以直接用營業利益率或稅後淨利率直接換算即可。

　　方法②》預估單季營收,或者全年營收的成長、衰退,並判斷該季或全年度的毛利率狀況,再從過去同等毛利率

的獲利狀況中，直接計算單季或全年度的獲利表現：方法2 適合業外收益／損失影響數非常小的企業，大約占整體獲利影響數 10% 以內的標的就非常適合。優點在於計算速度快，準確度雖然較方法 1 略差一些，但因為業外收益／損失影響數低，偏差值通常也不會太大。

對於能夠從新聞資訊中判斷毛利率增減變化、獲利預估精準度只要大於 8 成就好的投資人來說，是很省時又快速的預估方式。若投資人較保守的話，還可以取一個毛利率的區間上下緣，做獲利區間的預估，幫助自己的操作做出即時判斷。

計算方式：承之前 A 股票的例子，若僅知道全年度的營收為 96 億元，且毛利率約為 35%，對照過去營運績效僅找到單季營收 20 億元，毛利率 33%，單季稅後淨利為 3 億 5,000 萬元。則可以用過去資料推估稅後淨利約為 16 億 8,000 萬元（= 96 億元 ×（3 億 5,000 萬元 ÷20 億元）），EPS 約 3.57 元（= 16 億 8,000 萬元 ÷ 加權平均股本 4 億 7,000 萬股），配息約 2.86 元（= 3.57 元 × 配息率 80%）。同樣再代入本益比、殖利率區間，

換算股價操作參考區間。

方法③》近 4 季的獲利加總：方法 3 的準確度較前 2 種方法更低，但若是屬於每年各季波動穩定的企業，那這種方式倒也還是可以使用，畢竟每年淡旺季的營運獲利表現都同等時，再花時間去計算就有點傻了。只是方法 3 在面對企業營運向上或營運向下的大循環時，就很容易失真，因此，方法 3 較適用於電信股、金融股。

計算方式：假設 B 股票歷年每季營運狀況都差不多，配息率 9 成，當年度第 1 季、第 2 季 EPS 分別為 0.8 元及 0.75 元；前 1 年度第 3 季、第 4 季 EPS 則分別為 1 元及 0.85 元。

此時可直接將近 4 季 EPS 加總，算出預估 EPS 約為 3.4 元（＝ 0.8 元＋ 0.75 元＋ 1 元＋ 0.85 元），配息約為 3.06 元（＝ 3.4 元 × 配息率 90%）。再套進本益比、殖利率區間換算股價操作參考區間，判斷目前股價位置是否值得投資。

方法④》以投信、投資機構的研究報告進行評估：這個

方法對投資人來說，算是最省時、省事的了。畢竟研究機構除了悶著頭的產業研究外，有時還會有企業訪問及實地拜訪的機會，對於企業的營運狀況掌握度相對更高，而每份報告也幾乎都會有當年度的獲利預估，算是投資人可以多加利用的管道。

至於研究報告怎麼找？我是習慣向自己的券商營業員查詢，畢竟券商都有自己的投資研調部門，且券商還不會只有自己研調部門的報告，通常可以查詢近 1 年內各研究部門是否有對特定標的出具的研究報告，而這部分就得看投資人跟自己營業員的關係了，但通常基於客戶服務，應該也不會有營業員拒絕提供。

方法⑤》利用市場資訊進行判斷：最後，投資人有時也可以從新聞報導中，獲得蛛絲馬跡，但這樣的機會通常只發生在市場熱門股，例如 2016 年欣銓（3264）購併全智科（已併入欣銓）一事，法人對於欣銓 2016 年獲利的預估，就寫在新聞內文當中（詳見圖 3）。所以投資人要注意的是，有時與獲利相關的資訊不一定會放在新聞的標題，更多時候得從內文中去發現，因此，投資人在面對自

己有興趣的標的時，不妨將個股的相關新聞資訊整理出來，除了可以更清楚產業及個股的營運狀況外，說不定就能從中取得投資機構對於個股的獲利預估，進而直接進行操作區間判定，擬定投資操作策略，增加獲利的機率（這部分的詳細搭配操作方式，將在 3-4 詳述）。

而無論是怎樣的獲利預估方式，投資人都還是要保持謹慎的投資態度，不要太過執著於預估的數字，可以提前布局，但若企業公告的營運獲利與預估數字差距頗大，不如預期就要適時減碼；符合預期則等待獲利了結或加碼均可。切莫因為太過執著而讓自己的資金過度集中，反而失去獲利預估的意義了。

企業預估獲利案例試算

前面我已經分享預估獲利的幾種方式，接下來我會舉一個案例，搭配幾種常見的情況做示範，說明如何實際運用。

假設 A 公司自 2019 年第 3 季至 2021 年第 2 季財報揭露營運狀況，以及 2021 年第 3 季營收狀況如表 1 所示。

圖3 利用新聞資訊作為進出場依據

以欣銓（3264）為例

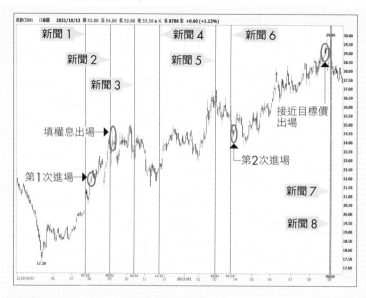

新聞1：欣銓每股24元 收購全智科（2016.07.23）

新聞2：欣銓收購全智科交割 持股63.84%（2016.09.01）

新聞3：《半導體》欣銓擬斥資14.3億元，赴南京投資設廠（2016.10.14）

新聞4：欣銓Q4不淡，明年Q1營收獲利年增幅可望亮眼（2016.11.23）

新聞5：殖利率5%，法人愛（2017.02.28，內文提及法人估估去年每股純益1.9元）

新聞6：欣銓啟動第二階段收購全智科（2017.03.24）

新聞7：雙利多加持 欣銓下半年業績旺（2017.09.01）

新聞8：《半導體》賣壓出籠，欣銓填息登高後臉綠（2017.09.04）

註：資料日期為 2016.04.01 ～ 2017.09.20　　資料來源：XQ 全球贏家

表1 利用公司財報數據預估獲利

項目	2019		Q1
	Q3	Q4	Q1
營業收入（億元）	49.73	48.99	45.60
累計營收（億元）	135.86	184.85	45.60
毛利率（%）	8.78	8.98	8.29
累計毛利率（%）	8.07	8.31	8.29
營業利益（億元）	1.91	1.78	1.62
累計營業利益（億元）	4.19	5.97	1.62
業外收益／損失（億元）	-0.12	-0.30	-0.33
稅後淨利（億元）	1.32	1.08	0.82
累計稅後淨利（億元）	2.43	3.51	0.82
EPS（元）	0.66	0.54	0.41
累計EPS（元）	1.22	1.76	0.41

A公司2021年第3季營收

時間	營收（億元）	月增率（%）	去年同期（億元）	
2021.07	20.46	4.69	17.58	
2021.08	20.68	1.08	18.53	
2021.09	19.15	-7.40	17.81	

註：1.加權平均股數皆為2億股；2.累計毛利率＝累計毛利÷累計營收×100%

A公司2019年第3季至2021年第2季財報

2020			2021	
Q2	Q3	Q4	Q1	Q2
50.06	53.92	47.54	48.26	59.49
95.66	149.58	197.12	48.26	107.75
9.12	9.16	9.55	8.44	8.13
8.73	8.88	9.04	8.44	8.27
1.94	2.32	1.96	1.87	2.33
3.56	5.88	7.84	1.87	4.20
0.45	-0.25	-0.19	-0.17	-0.12
1.75	1.49	1.16	1.13	1.59
2.57	4.06	5.22	1.13	2.72
0.88	0.75	0.58	0.57	0.80
1.29	2.04	2.62	0.57	1.37

A公司近7年本益比與殖利率區間

年增率（%）	累計營收（億元）	年增率（%）
16.38	128.21	13.22
11.60	148.89	12.99
7.52	168.04	12.34

本益比（倍）
9.5~12.2

殖利率（%）
7~10

　　情況 1》A 公司受惠新客戶提前於 2021 年第 4 季拉貨，2021 年全年營收可望年增 3 成，但多集中於低毛利率的產品：

　　首先，將全年的營收推估出來。這裡已知 2020 年全年營收為 197 億 1,200 萬元，年增 3 成，因此可推估 2021 年全年營收約為 256 億 2,600 萬元（＝ 197 億 1,200 萬元 ×（1 ＋ 30%））。

　　接著是毛利率走勢的判斷。從表 1 可以看到，2021 年上半年 A 公司整體毛利率的走勢為向下，可見整體產品組合有弱化的趨勢，第 3 季的毛利率應該頂多持平。而題目中提到第 4 季營收大增、毛利率下滑的不利資訊，因此從上半年累計的毛利率為 8.27% 保守推估，累計到第 4 季整體毛利率低於 8.27% 的機率將會相對較高。此時就有 2 個選擇，2019 年第 3 季的累計毛利率 8.07% 或 2021 年第 2 季的單季毛利率 8.13%。

　　最後就是業外的影響數。從表 1 可看到，約占整體獲利的 1 成左右，因此可以忽略不計，直接用稅後淨利來計算。

①用 2019 年第 3 季累計數據估算（累計毛利率 8.07%）：全年稅後淨利預估約為 4 億 5,800 萬元（＝ 256 億 2,600 萬元 ×（2 億 4,300 萬元 ÷135 億 8,600 萬元）），EPS 為 2.29 元（＝4 億 5,800 萬元 ÷2 億股）。

②用 2021 年第 2 季單季數據估算（單季毛利率 8.13%）：全年稅後淨利預估約為 6 億 8,500 萬元（＝ 256 億 2,600 萬元 ×（1 億 5,900 萬元 ÷59 億 4,900 萬元）），EPS 為 3.43 元（＝6 億 8,500 萬元 ÷2 億股）。

至於哪一個數值更有機會貼近實際的獲利呢？以 2021 年毛利率向下的走勢，加上第 4 季低毛利率產品成長的幅度，能讓原本前 3 季營收僅年增 12.34% 的情況變成大增至 30% 來看，毛利率應該是持續下滑，因此用 8.07% 的可能性較高。此時可以看到，營收成長、毛利率下滑，整體獲利還不見得能持續成長的情況，這時低價產品比重提升帶來的營收成長題材，可就不能單純的以利多來解讀了。

此時仍可以推估操作區間。若 A 股票的配息率為 9 成，預估 EPS 為 2.29 元，則預估配息為 2.06 元，以此 2 數

值為參數換算：本益比（9.5 倍～ 12.2 倍）股價區間為
21.76 元～ 27.94 元；殖利率（10%～ 7%）股價區間
為 20.6 元～ 29.43 元，股價操作參考區間為 21.76 元～
27.94 元。

**情況 2》A 公司受惠新客戶提前拉貨，2021 年第 2 季、
第 3 季營收大幅成長：**

由此只知道 A 公司 2021 年第 2 季、第 3 季營收的成長
來自於客戶的提前拉貨，並沒有新訂單或新產品的資訊，
此時就不適合以等比率的方式推估全年營收。

如果以等比率方式做營收成長預估，萬一遇到因客戶提
前拉貨，致使 2021 年第 4 季營運不如預期時，那就很容
易高估，因此寧可以全年營收不變（2020 年全年為 197
億 1,200 萬元）的前提，保守預估營運獲利。接著，我們
可從已知的毛利率變化來推估全年的毛利率。

2021 年前 2 季整體毛利率較 2020 年同期下滑 5.27%
（＝ 8.27%÷8.73%－1×100%），表示 2021 年產品

組合毛利率較差，因此將 2021 年全年的毛利率較去年同期同等下滑 5.27% 估算，A 公司 2021 年全年毛利率約為 8.56%（＝9.04%×（1－5.27%））。

　較相近的數據為 2019 年第 3 季單季的毛利率 8.78%，或是 2021 年第 1 季單季的毛利率 8.44%。

　①用 2019 年第 3 季單季數據估算（單季毛利率 8.78%）：則全年稅後淨利預估約為 5 億 2,300 萬元（＝197 億 1,200 萬元 ×（1 億 3,200 萬元 ÷49 億 7,300 萬元）），EPS 為 2.62 元（＝5 億 2,300 萬元 ÷2 億股）。

　②用 2021 年第 1 季單季數據估算（單季毛利率 8.44%）：則全年稅後淨利預估約為 4 億 6,200 萬元（＝197 億 1,200 萬元 ×（1 億 1,300 萬元 ÷48 億 2,600 萬元）），EPS 為 2.31 元（＝4 億 6,200 萬元 ÷2 億股）。

　若期間有更多對於產品組合及營運毛利率表現更多的資訊，就可以再進一步做出選擇毛利率的判斷，並藉此估算本益比、殖利率操作區間。

情況 3》2021 年全年營收成長約 1 成，且自 2021 年第 3 季起，高毛利率產品比重增加：

這裡第 1 個訊息是 2021 年全年營收成長約 1 成，因此即使已知 2021 年第 3 季底累計合併營收成長 12.34%，仍以成長 10% 為預估。所以 2021 年全年營收為 216 億 8,300 萬元（＝ 197 億 1,200 萬元 ×（1 ＋ 10%）），下半年營收為 109 億 800 萬元（＝ 216 億 8,300 萬元－ 48 億 2,600 萬元－ 59 億 4,900 萬元）。

第 2 個訊息則為自 2021 年第 3 季起，高毛利率產品的比重增加。因為 A 公司 2021 年上半年獲利已知為 2 億 7,200 萬元，為降低干擾數，就只推估下半年毛利率，再用估出的毛利率估算下半年獲利，最後再加總為全年獲利。

因 A 公司自 2021 年第 3 季起，毛利率比重提高，所以下半年的毛利率應該至少會高於上半年的產品組合（比 8.44% 高），但又不會是最高，因此分別取次高的 2020 年第 3 季單季毛利率 9.16%，以及次低的 2020 年第 3 季累計毛利率 8.88% 來估算。

　　①用 2020 年第 3 季單季數據估算（單季毛利率 9.16%）：則 2021 年下半年稅後淨利預估約為 3 億 100 萬元（＝ 109 億 800 萬元 ×（1 億 4,900 萬元 ÷53 億 9,200 萬元）），全年獲利為 5 億 7,300 萬元（＝ 2 億 7,200 萬元＋ 3 億 100 萬元），EPS 為 2.87 元（＝ 5 億 7,300 萬元 ÷2 億股）。

　　②用 2020 年第 3 季累計數據估算（累計毛利率 8.88%）：則 2021 年下半年稅後淨利預估約為 2 億 9,600 萬元（＝ 109 億 800 萬元 ×（4 億 600 萬元 ÷149 億 5,800 萬元）），全年獲利為 5 億 6,800 萬元（＝ 2 億 7,200 萬元＋ 2 億 9,600 萬元），EPS 為 2.84 元（＝ 5 億 6,800 萬元 ÷2 億股）。

　　同樣的，投資人仍可以從其他資訊中，更準確地來預估獲利，並估算可作為操作參考的本益比、殖利率股價區間。

3-3 為企業營運進行「動態分析」 看對時機賺上漲行情

　　學會預估獲利後還不夠，投資人還得了解「動態分析」，才能實際運用。什麼是動態分析？動態分析是隨著經濟環境變動的實際過程所進行的分析。

　　在個股研究的過程中，投資人往往會有個錯覺，似乎跟著見報的利多買進，大多會套牢；反之，見報的利空反而不容易跌，因此就有了「跟著新聞反著操作」的結論。但有時當下的漲跌反映的並不是該市場資訊，可能僅是當下大盤漲跌的影響，也可能該市場資訊，尚未有反映，此時投資人就容易錯失進場時機，或者錯殺了。

　　「股價反映企業未來營運獲利的走勢」這句話表達企業未來營運獲利「展望」，對於個股股價的影響。若投資人可以針對新聞資訊進行時間滾動式的動態分析，也就是判斷新聞資訊對個股造成的影響是過去式？現在進行式？還

是未來式？如此，就能降低錯判新聞資訊與股價間關係的機率了。

1. **過去式**：這類新聞資訊代表的是已經對企業營運獲利產生影響，並已揭露在財報，此時對於股價的影響最少。

2. **現在進行式**：這類新聞資訊代表的是正在對企業營運獲利產生影響，雖可能已在財報中揭露，但因為具備持續性，所以對股價持續具備影響性。

3. **未來式**：這類新聞資訊代表的是未來可能對企業營運獲利產生影響，尚未發生在財報中，因為具備相當大的想像空間，因此對股價的影響性最大。

追蹤產業供應鏈的供需變化──以正新為例

在投資研究的過程中，要從個股開始去推測整個產業變化，或是從產業變化去觀察個股，都是可以的，因為我們並無法掌握市場會從哪個角度報導事件。同樣的，我們也不會知道自己是先找到產業資訊、還是先看到個股資訊。

因此，需要具備同時從 2 個方向都可以進行投資的延伸分析與研究，這樣就不會被侷限只能先研究產業，或是先研究個股了。

一般來說，在產業、企業的營運循環中，供需都是影響價格的因素，因此當我們看到上游成本上升時，就可以反射性地推估中下游的成本也會上升，進而推估產品售價的變化（詳見圖 1）。而對於企業能否將成本的變化完整地轉嫁給客戶，那就取決於企業在產業的地位了。

基本上，成本、售價的變化，都會有無法完全反映的過渡期。例如當上游原料的價格突發性暴增，而產品漲價不及時，就會有段成本增、售價跟不上的時期，這時企業的獲利最差；反之亦然，當上游原料的價格突發性暴跌，而產品降價不及時，企業的獲利最佳。此外，有時也會有售價還來不及反映，原料的漲、跌價就結束的情況，這時對營運獲利的影響反而侷限於短期了。

在我上一本《零成本存股術》書中，4-1〈研究：從產業到企業　全面解析基本面〉的「產業研究」找出供應鏈上下

圖1 **當上游原料價格調漲，中下游成本會上升**
輪胎產業的上中下游成本與售價關係

游關係」中，曾以正新（2105）為例說明，這邊依然以此為例。既然知道企業產品售價與成本的關係，當我們蒐集到上游原料生產過剩、價格崩落的訊息時，就該聯想到後續有利於下游製造成本，但同時也該想到「未來」售價也會跟著下滑。

　　這時，如果有產品市場需求熱絡時，則對於獲利的影響還有限；但若遇到市場需求不振，營收成長幅度不足以支撐獲利成長時，由於股價會反映營運獲利趨勢，自然也就跟著向下。2014年橡膠及輪胎就是遇到這樣的狀況，當

時除了上游的台橡（2103）營運獲利衰退外，中下游的輪胎製造、銷售的正新，在營運獲利下滑的情況下，股價也跟著回落（詳見圖2）。

但自2019年起市場起了變化，各類原物料開始大漲，橡膠也不例外，台橡的獲利開始回升，中下游的輪胎製造銷售商正新也開始調高售價，加上全球車市的需求恢復成長，正新整體毛利率、獲利都有回升的趨勢，就等整體營收恢復成長了。

之後雖然2020年第1季遭受到新冠肺炎（COVID-19）疫情影響，加上印度貨幣大幅貶值造成匯兌損失下，導致單季營運虧損，但從正新毛利率的變化走勢中可以觀察出，其銷售、成本正向成長趨勢並無改變，因此推估2021年疫情影響逐漸降低，加上產品陸續有逐季因需求提升而漲價的消息，因此可以視為其營運獲利有翻轉向上的趨勢。

再加上2020年度的虧損等同於吃掉了1季的獲利，也就是實際上2020年全年獲利在1季獲利抵銷掉1季虧損的前提下，只有2季的獲利數字。只要2021年單季獲利

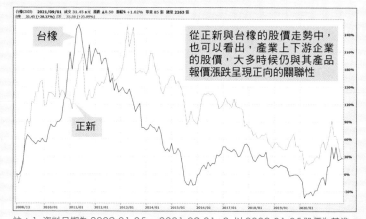

圖2　正新與台橡股價走勢呈正相關

正新（2105）vs.台橡（2103）股價走勢

註：1. 資料日期為2009.01.05～2021.09.01；2. 以2009.01.05股價為基準，
計算不同區間報酬率的變化　　資料來源：XQ全球贏家

不要再發生疫情之類的重大影響，沒有2季盈虧相抵的狀況，則2021年等於有了完整的4季獲利。在此情況下，正新全年營運、獲利很難不成長，甚全在2020年基期較低的情況下，還會產生獲利暴增的現象。

而對於身處2020年下半年的投資人，若有進行正新2020年的獲利預估，便可推估正新股價操作參考區間

為 37.92 元～ 47.46 元，中間價格 42.69 元，以當時（2020 年 9 月、10 月）37 元～ 38 元左右的股價來說，已處在操作區間的相對低點。有此依據，雖不能説可以馬上獲利，但至少投資人不會盲目停損。

而因為持有，便會持續追蹤，此時再將前述滾動獲利的概念納進，在 2021 年 1 月～ 2 月營收恢復 2019 年同期水準時，開始預估 2021 年的獲利，以 EPS 有機會達 3.06 元來看，未來的股價操作參考區間上升至 66.73 元～ 85.04 元（詳見圖 3），對應 2021 年 1 月～ 2 月落在 40 元～ 45 元間的股價，就顯示其投資獲利值得期待了。由於有動態分析並對預估獲利及操作區間進行調整，就有機會參與到 2021 年 2 月～ 4 月間的上漲行情。

惟市場多變，在營運獲利樂觀的情況下，正新股價在 2021 年 4 月漲至近 3 年新高後回落。究其原因，正新在 2021 年 7 月公布 6 月營收時，以公司公布的訊息得知，受到疫情、缺櫃及港口塞港影響，雖手上訂單充足，但因為出貨狀況不佳無法如期交貨，致使營收表現不如預期，市場股價亦提前反映。而從 8 月營收看起來，仍無起色。

圖3　用不同時間的數據推估，會得出不同區間

以正新（2105）2013年～2020年財務數據為例

股價活動區間

歷史股價法			本益比法			殖利率法		
近5年均價	近5年高	近5年低	倍數	21.42	29.68	殖利率	4.31%	3.00%
57.90	78.10	37.70	股價	37.92	52.53	股價	32.99	47.46

歷史數據評估

平均值	年度	2020（預估）	2019	2018	2017	2016	2015	2014	2013
118,179.00	合併營收(百萬)	–	109,508	109,221	112,309	117,388	116,726	129,014	133,087
26.11	毛利率(%)	–	21.88	22.27	22.86	30.91	30.46	27.83	26.54
10,518.86	稅後淨利(百萬)	–	3,516	3,575	5,602	13,346	12,839	16,112	18,642
32,414.00	加權平均股本(百萬)	–	32,414	32,414	32,414	32,414	32,414	32,414	32,414
25.65	淨值	24.23	23.88	24.43	25.36	26.99	27.51	27.08	24.31
12.88	ROE	7.31	4.46	4.39	6.55	14.98	14.38	19.19	26.21
2.27	股息	1.42	1.00	1.10	1.80	3.00	3.00	3.00	3.00
3.22	EPS	1.77	1.07	1.09	1.71	4.09	3.94	4.94	5.72
49.41	企業價值	34.47	29.70	30.28	34.83	54.24	53.86	65.14	77.85
73.44	最高價	–	48.80	53.20	67.10	72.90	78.10	91.00	103.00
51.64	最低價	–	38.25	37.70	50.40	48.55	48.80	65.10	72.70
80.33	配息率	80.33	93.46	100.92	105.26	73.35	76.14	60.73	52.45
29.68	本益比(高)	–	45.61	48.81	39.24	17.82	19.82	18.42	18.01
21.42	本益比(低)	–	35.75	34.59	29.47	11.87	12.39	13.18	12.71
3.00	殖利率(高)	–	2.05	2.07	2.68	4.12	3.84	3.30	2.91
4.31	殖利率(低)	–	2.61	2.92	3.57	6.18	6.15	4.61	4.13

以正新（2105）2014年～2021年財務數據為例

股價活動區間

歷史股價法			本益比法			殖利率法		
近5年均價	近5年高	近5年低	倍數	21.81	30.64	殖利率	4.32%	2.95%
50.70	72.90	28.50	股價	66.73	93.75	股價	58.14	85.04

歷史數據評估

平均值	年度	2021（預估）	2020	2019	2018	2017	2016	2015	2014
112,910.71	合併營收(百萬)	–	96,209	109,508	109,221	112,309	117,388	116,726	129,014
25.88	毛利率(%)	–	24.93	21.88	22.27	22.86	30.91	30.46	27.83
8,713.00	稅後淨利(百萬)	–	6,001	3,516	3,575	5,602	13,346	12,839	16,112
32,414.00	加權平均股本(百萬)	–	32,414	32,414	32,414	32,414	32,414	32,414	32,414
25.72	淨值	25.37	24.82	23.88	24.43	25.36	26.99	27.51	27.08
10.21	ROE	12.06	7.55	4.46	4.39	6.55	14.98	14.38	19.19
2.01	股息	2.51	1.20	1.00	1.10	1.80	3.00	3.00	3.00
2.67	EPS	3.06	1.85	1.07	1.09	1.71	4.09	3.94	4.94
43.39	企業價值	44.83	35.72	29.70	30.28	34.83	54.24	53.86	65.14
65.26	最高價	–	45.75	48.80	53.20	67.10	72.90	78.10	91.00
45.33	最低價	–	28.50	38.25	37.70	50.40	48.55	48.80	65.10
82.10	配息率	82.10	64.86	93.46	100.92	105.26	73.35	76.14	60.73
30.64	本益比(高)	–	24.73	45.61	48.81	39.24	17.82	19.82	18.42
21.81	本益比(低)	–	15.41	35.75	34.59	29.47	11.87	12.39	13.18
2.95	殖利率(高)	–	2.62	2.05	2.07	2.68	4.12	3.84	3.30
4.32	殖利率(低)	–	4.21	2.61	2.92	3.57	6.18	6.15	4.61

註：系統採無限小數計算
資料來源：CMoney 理財寶・恩汎──獲利領息價值股

　　不過我認為，只要正新的產品毛利率仍可維持，且不再出現單季龐大匯損，則 2021 年全年獲利成長仍可期待。即使短期股價受到市場變化影響獲利回升幅度及股價表現，但只要能掌握正新獲利及股價區間的變動，何時能再從價差中獲利，就看營收恢復成長及資金青睞的時間了。

　　因此，動態分析的進行，有助於投資人操作策略的擬定與調整，只是這需要對產業／個股整體供需狀況做全面性的檢視與了解。

　　至於投資新手要如何進行動態分析？最簡單的方式就是和圖 1 一樣，畫出每個產業上下游的產品關聯圖。當有某個產業、某個產品價格資訊時，便把該資訊套入圖中，再進行推估，就很容易上手了。

視企業未來獲利展望，調整股價區間操作決策

　　同樣的，在股價反映企業未來營運獲利的趨勢下，在股價區間的操作上，也可納入動態分析後，做出適當的決策。分為 3 種情況：

情況1》營運、獲利成長動能強勁的標的

在營運獲利成長前提下，EPS及配息都有望上升，因此在預估獲利推估的操作區間，隨之上調的機率就會比較高。

除了個股獲利、配息增加影響的操作區間上調外，這類標的往往都具備題材性，題材性將會更強勁的驅動股價表現。而市場上會預估企業營運獲利走勢的人並不少，無論之間的操作策略有何不同，但對於營運、獲利成長的企業，其價格的接受度也會提高。

因此，在題材帶動營運獲利成長預估的效果發酵前，投資人若想要搭上該行情，因為市場大多關注這類標的，價格通常有撐且難以下跌，故而在買進價格的接受度上，便可以拉高些，不一定要等到最低價（L）才進場（詳見圖4），可以在相對低價或中間價附近開始布局，並在相對高價或越過最高價（H）時出場（此處指的是以本益比和殖利率推算出的股價操作參考區間，詳見2-3）。

情況2》營運、獲利微幅成長、持平的標的

營運獲利穩定，在營運獲利表現的題材上相對薄弱，市

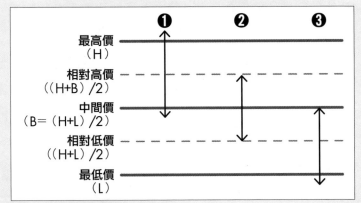

圖4 若獲利展望佳，未必要等到最低價才進場
營運獲利成長預估與股價操作參考區間的關係

❶ 營運、獲利成長動能強勁的標的：相對低價和中間價買進、相對高價和最高價賣出

❷ 營運、獲利微幅成長、持平的標的：相對低價買進、相對高價賣出

❸ 營運、獲利衰退的標的：最低價和相對低價買進、中間價賣出

場大多不會太過於關注，股價波動的動能也就相對較低，因此，照著預估獲利推估的股價區間的相對高價與相對低價之間操作即可。

例如可以相對低價為買點，相對高價為賣點，不須刻意追求最低價買進、最高價賣出。

情況3》營運、獲利衰退的標的

因為營運獲利處在衰退狀況，代表操作區間向下修正的機率高，股價向上的動能薄弱。這時買進價最好就是以相對低價，甚至就以區間最低價進場。由於此種標的投資人預期其獲利會向下調整，以最高價為獲利出場價就有點不切實際，故可以中間價做出場點，或是有賺就跑，會是比較容易獲利實現的操作方式。

當然，既然預期營運獲利都衰退了，那也就不符合我們進場的條件，即使該標的屬於具備入選存股口袋名單基本要素的企業，投資人也是可以直接先放下，繼續追蹤，等待營運獲利回升期再進行操作。

3-4 公開收購1》購併 以欣銓、全智科為例

3-1 ～ 3-3 已經教會大家實際運用的概念,接下來,我會帶領大家看一些實際案例。

2要點判斷具購併題材的個股是否適合布局

3-1 提到,當毛利率、營收及稅後淨利 3 者同漲時,若搭配股價處在區間相對低的個股,投資人可得到的報酬最豐碩。何時會出現這種情況呢?

實務上最常看到的就是「企業購併」,也就是 A 公司利用公開收購的方式,將 B 公司併入旗下。當投資人遇到存股口袋名單的企業有購併題材時,就可以多加留意其合併後年度的營運狀況,在適當的時機進場布局。

舉例說明,欣銓(3264)為國內專業的半導體 IC 測試

廠，主要從事測試服務，晶圓測試業務，其上櫃以來，每年均可獲利、配息，即使在金融海嘯時期亦是如此，因此一直是我存股口袋名單中的標的。

在產業「大者恆大」的趨勢下，欣銓看好車用電子及物聯網（IoT）的發展，除了在自身擅長的MCU（微處理器）、安控、PWM（電源控制）測試技術下，積極拓展布局相關技術以外，也在2016年7月與全智科（已併入欣銓）共同公告合併案，欣銓將以每股24元的價格公開收購全智科股權。

要點1》了解2家企業的營運項目及客戶重疊性

看到合併案以後，投資人須先了解2家企業的營運項目及客戶重疊性。

從常時的新聞訊息可以看出，欣銓和全智科雖都屬於半導體測試廠，但專注的領域卻不同（欣銓為超大型積體電路（VLSI）測試，全智科為射頻積體電路（RFIC）測試），且2家企業產品應用及客戶群亦有差異，因此購併案有利於欣銓直接拓展業務範圍、市占率及客戶群。

　　因為 2 家企業專注的產品應用不同，客戶的重疊性也較低，購併後也較不容易出現其他購併案常發生的「客戶以風險控管為由的轉單」，有助於合併後營收加總成長與客戶增加、分散營運風險的效果。

要點2》從過去財報觀察2家企業營運狀況

　　從過去財報資料觀察欣銓和全智科的營運狀況。依 3-1 挑選順序毛利率、營收及稅後淨利來看，毛利率水準相當，有時甚至是全智科整體產品毛利率高於欣銓，因此合併後，企業的毛利率可望持平至成長（詳見表 1）。

　　加上 2 家企業因主攻產品市場的不同，客戶重疊性低，以 2 家企業年度營收比約 8：2 來看，合併後的營收成長基本可以有 2 成的水準，在整體毛利率及營收同步增長下，稅後淨利成長動能也就相當值得期待。在毛利率增加及營收成長機率大的前提下，欣銓和全智科完全合併後，企業整體營運朝向毛利率增加、營收成長、稅後淨利成長的機率極高，所以這個合併題材，就符合資金進駐操作的條件。

　　但公開收購的合併案有沒有可能破局呢？當然有，積極

表1 **欣銓和全智科毛利率水準相當**

欣銓（3264）vs.全智科財務數據

項目	欣銓（3264）				全智科（現為欣銓子公司）			
	2012	2013	2014	2015	2012	2013	2014	2015
營業收入（億元）	51.59	50.01	58.34	59.25	10.44	10.74	13.30	15.26
營業毛利（億元）	14.94	14.54	18.31	16.97	3.42	3.01	4.05	5.03
毛利率（％）	28.96	29.07	31.38	28.64	32.76	28.03	30.45	32.96
稅後淨利（億元）	8.47	8.53	12.44	9.25	1.50	1.24	2.05	2.63
每股稅後盈餘（元）	1.82	1.87	2.65	2.14	1.28	1.05	1.74	2.21

資料來源：Goodinfo! 台灣股市資訊網

的投資人當然可以自企業公告收購日後開始布局；那保守的投資人呢？則可以等待收購成局後再開始布局。畢竟投資的起步非常重要，寧可沒買到，卻不可買錯。

確定購併全智科後，4步驟預估欣銓獲利

這邊以2016年9月欣銓收購案確定成立後的案例來看，

若是願意做「預估獲利」的投資人，可以利用 3-2 教的方法來推估。方式如下：

步驟1》推估全年營收

以欣銓 2016 年 7 月至 8 月合併營收計算，平均月營收約 5 億 3,000 萬元（＝（5 億 5,000 萬元＋ 5 億 1,000 萬元）÷2），加上 9 月起開始認列全智科營收，以營收成長約 20% 來估算，預估 9 月起合併營收約 6 億 3,600 萬元（＝ 5 億 3,000 萬元 ×（1 ＋ 20%）），也就是 9 月起的營收基本都應該維持在 6 億 3,600 萬元以上，因此推估第 3 季整體營收約 17 億元（＝ 5 億 5,000 萬元＋ 5 億 1,000 萬元＋ 6 億 3,600 萬元＝ 16 億 9,600 萬元，約 17 億元），第 4 季合併營收則約 19 億元（6 億 3,600 萬元 ×3 ＝ 19 億 800 萬元，約 19 億元）。

若加計第 1 季 12 億 8,100 萬元和第 2 季 14 億 4,300 萬元，推估全年整體營收為 63 億 2,400 萬元（＝ 12 億 8,100 萬元＋ 14 億 4,300 萬元＋ 17 億元＋ 19 億元）。

步驟2》推估全年毛利

我們可以利用毛利率來推估毛利。以欣銓前一年度（2015 年）及合併全智科因素的毛利率變化預估，第 3 季單季毛利率約 30%（較第 2 季 28.46% 增加 5% 多（＝ 30%÷28.46% － 1）），第 4 季參考 2015 年單季毛利率變化，考量少了 2015 年第 4 季半導體庫存去化的影響，欣銓要出現 2015 年第 4 季單季毛利率下滑 3 成的機率不高，加上全智科產品線的加入，因此以下滑 1.5 成～ 2 成間估，保守取較多的 2 成計算，第 4 季毛利率約 24%（＝ 30%×（1 － 20%）），因此全年整體毛利率約 25.8%（＝（12 億 8,100 萬元 ×19.92% ＋ 14 億 4,300 萬元 ×28.46% ＋ 17 億元 ×30% ＋ 19 億元 ×24%）÷63 億 2,400 萬元），全年毛利約 16 億 3,200 萬元（＝ 63 億 2,400 萬元 ×25.8%）。

步驟3》推估全年稅後淨利和預估配息

從欣銓過去的財務數據來看（排除近幾年財務數據偏高、偏低的年度），我們以營業費用占營收比重 10%（63 億 2,400 萬元 ×10%）、稅率大約 16% 做估算（詳見表 2）。可推估欣銓全年稅後淨利約 8 億 4,000 萬元（＝（16 億 3,200 萬元 － 6 億 3,200 萬元）×（1 － 16%）），每

股稅後盈餘（EPS）約 1.83 元（＝ 8 億 4,000 萬元 ÷（加權平均股本 46 億元 ÷ 面額 10 元））。以平均配息率約 8 成計，預估配息約為 1.46 元（＝ 1.83 元 ×80%）。

步驟4》推估價格操作參考區間

利用 2-3 的算法可求出欣銓本益比區間為 9.07 倍～ 15.39 倍，本益比價格區間為 16.6 元～ 28.16 元；殖利率區間為 8.57%～ 5.15%，殖利率價格區間為 17.04 元～ 28.35 元。接著，再利用「低本益比價格與高殖利率價格取其高」及「高本益比價格與低殖利率價格取其低」來找出價格操作參考區間，為 17.04 元～ 28.16 元，中間價為 22.6 元（＝（17.04 元＋ 28.16 元）÷2）。這表示當股價在 22.6 元以下時，就值得進場布局。

而從欣銓後續公布的月營收表現狀況來看，也的確如預期，都可維持在 6 億元以上（註 1），這也代表全年度的獲利及未來的配息表現，有更高機率符合預期的數字。

若以全年獲利的角度來看，欣銓受到 2015 年下半年半導體庫存去化及 2016 年年初淡季影響，原整體營運獲利

表2　**欣銓營業費用占營收比重為9%～10%**
欣銓（3264）財務數據

項目	2013	2014	2015
營業費用占營收比重（%）	9	10	9
所得稅占稅前淨利比重（%）	16.16	16.03	16.97

註：因為規模及產線布局的影響，最近幾個年度的稅率最具參考性，取最近2年～3年數據
　　即可　　資料來源：XQ全球贏家

預估為衰退，不適合布局。但隨著合併案的出現，加上營運半導體庫存去化結束及旺季效益，整體營運獲利成長動能浮現，完全符合「好企業就該在其營運循環落入低迷時進場」。

　當然，投資人也可以等待欣銓2016年的獲利表現確定，也就是2017年3月後公布2016年財報數字時，以及2017年的營運展望公布來預估2017年的營運獲利表現後，再進行布局。

註1：欣銓2016年9月營收為6億3,500萬元、10月為6億400萬元、11月為6億3,400萬元、12月為6億400萬元。

見報不等於利多出盡，務必用數據判斷合理性

時序來到 2017 年，當新聞報導法人開始預估欣銓 2016 年全年獲利時，我們應該先試著推估其估算是否合理，而非看到新聞就直接判定為利多出盡。畢竟以我們這樣的散戶投資人，新聞資訊是最容易取得企業營運狀況、展望的管道之一。

在 2017 年 2 月底時，我們已經可以知道欣銓 2016 年全年的營收了（註 2）。且從欣銓 2016 年第 3 季財報看到其毛利率達 30.64%，高於我們原本的預估時，也就驗證合併對其毛利率變化帶來的正面效應。

雖然欣銓 2016 年第 4 季合併營收為 18 億 4,200 萬元，較我們原先預估的 19 億元稍低，不過就毛利率來説，由於在此期間的新聞資訊中，並沒有出現 2015 年庫存去化的消息，且整體營運表現處在毛利率回升期，故而我們雖不能忽視電子業每年第 4 季通常會有毛利率下滑的營運週

註 2：每年 1 月 10 日前就已公告前 1 年度 12 月營收。

期因素，但似乎會比我們原本估的 24% 毛利率為高。

因此，改取其 2016 年第 3 季單季毛利率 30.64% 為高標，同時取 2016 年第 1 季～第 3 季累計毛利率 26.82% 為低標，來預估其獲利區間。

根據 Goodinfo! 台灣股市資訊網的資料可知，欣銓 2016 年第 3 季單季毛利率 30.64%，單季營收 16 億 9,500 萬元，單季稅後淨利 2 億 8,500 萬元。欣銓 2016 年第 1 季至第 3 季累計毛利率 26.82%，累計營收 44 億 1,800 萬元，累計稅後淨利 6 億 1,800 萬元。

因此就可以推估出欣銓在第 4 季的獲利區間高標與低標分別為：

◎高標：18 億 4,200 萬元 ×（2 億 8,500 萬元 ÷16 億 9,500 萬元）＝ 3 億 1,000 萬元。

◎低標：18 億 4,200 萬元 ×（6 億 1,800 萬元 ÷44 億 1,800 萬元）＝ 2 億 5,800 萬元。

◎全年獲利在 8 億 7,600 萬元（＝6 億 1,800 萬元＋
2 億 5,800 萬元）～9 億 2,800 萬元（＝6 億 1,800
萬元＋ 3 億 1,000 萬元）之間。

由欣銓 2016 年第 3 季財報可知，第 3 季加權平均股本
為 46 億 6,300 萬元，加權平均股數約為 4 億 6,600 萬
股（＝46 億 6,300 萬元 ÷ 面額 10 元），EPS 落在 1.88
元（＝8 億 7,600 萬元 ÷4 億 6,600 萬股）～ 1.99 元（＝
9 億 2,800 萬元 ÷4 億 6,600 萬股）間。而法人預估的 1.9
元則剛好在區間中，也印證法人預估並無不合理。

若以法人預估的 EPS 為 1.9 元，預估配息率 8 成估算，
預估配息 1.52 元，操作區間仍以本益比區間為 9.07 倍～
15.39 倍、殖利率區間 8.57% ～ 5.15% 換算，可算出本
益比價格區間為 17.23 元～ 29.24 元、殖利率價格區間
為 17.74 元～ 29.51 元，價格操作參考區間小幅變更為
17.74 元～ 29.24 元，中間價為 23.49 元，因此股價布
局可上調至 23.49 元以下。

除了法人看好外，從當時現有的財務數據也可看出，欣

銓 2017 年的獲利成長亦可以期待。因為欣銓和全智科將在 2017 年 8 月底完全合併，欣銓將自 2017 年 9 月的營運開始全額認列全智科的獲利。欣銓的營收在 2016 年 8 月前的低基期下，合理推估欣銓的營收仍將維持大幅度的成長至 2107 年 8 月；至 9 月起則因 2016 年基期墊高（因為全智科的營收是從 2016 年 9 月起才開始認列），單月營收成長幅度便會縮小，但全年營收仍會有大幅度成長。

從後續 2017 年欣銓與全智科合併進程，以及其營收、毛利率、獲利的變化來看，完全符合我們自 2016 年起知道 2 家公司有意合併起的營運推估，也因此在預估獲利及配息的當下，可以用預估的價格操作參考區間來操作。

例如以原本在 2016 年 9 月就先預估的獲利、配息表現（EPS 1.83 元、配息 1.46 元）換算的操作區間 17.04 元～28.16 元間布局者，就可在 22.6 元以下時買進（當時股價約 21 元～ 24 元之間整理），並在中間價以上至操作區間上緣 28.16 元間作為調節參考；之後隨著外資的預估獲利、配息資訊調整股價操作區間至 17.74 元～ 29.24 元，中間價上調至 23.49 元，同樣在中間價以下買進，中間價

以上至股價區間上緣 29.24 元間調節。

　在這一出一進下,便可以不斷地降低平均持股成本,同時布局獲利領息部位。

　隨著持續追蹤、不斷更新獲利預估及調整股價操作區間,最後再以同樣的方式預估 2017 年 EPS 約 2.6 元,配息 2.08 元,股價操作參考區間為 26.26 元～ 36.09 元（2017 年本益比區間為 8.81 倍～ 13.88 倍;殖利率區間為 7.92% ～ 5.07%）,中間價 31.18 元（註 3）。

　幸運的是,我在 2017 年年底等到了股價上漲的表現,在股價越過 31.18 元中間價後,一路往上陸續地出脫持股,獲利實現,並留下獲利（零成本）領息部位參與長期投資的領息操作（詳見圖 1）。

　至於 2018 年後的營運動能呢?就得看欣銓中國南京廠

註 3:每年的本益比、殖利率區間,都會因為納入新的年度資料與剔除最舊年度的資料而有所變動。

圖1　在欣銓股價達28元～40元時獲利出場

欣銓（3264）日線圖

註：資料日期為 2016.08.01 ～ 2020.04.01　　資料來源：XQ 全球贏家

開始貢獻營收獲利的時間了。但在操作區間的預估與調整下，相信在 2017 年的 11 月，我們就已經開始獲利了結，至於後續的營運，就再等下個循環再操作即可。

　　而這個操作，也讓我們的本金部位在 2020 年 3 月新冠肺炎（COVID-19）疫情爆發股災時，除了得以免除損失的情況，同時也避免了紙上富貴的窘境。

前述欣銓購併全智科的案例帶來不錯的結果，但並不是所有的購併題材都可以有所行情，例如 2017 年時，文曄（3036）合併宣昶（已併入文曄）一案，就對文曄的營運、獲利貢獻有限，自然文曄的股價反映就沒那麼熱絡。

因為宣昶在與文曄合併後，其營收不過就占整體合併營收的 5% 左右，因此，雖然宣昶整體產品的毛利率略高於文曄約 1%，但在營收比重懸殊下，對於整體獲利挹注的貢獻就相當有限，整體獲利成長的預期及動能，自然就沒那麼吸引人。

反倒是文曄收購宣昶的價格，對持有宣昶股票的投資人是有利的，即使這受益程度還是要取決於投資人持有宣昶的成本。

文曄雖然有購併的消息，但除考量兩者規模懸殊貢獻有限外，之前還有個消息讓我在意，那就是接到通訊相關產品新訂單，有望讓其營收成長 25% 的消息，由於通訊相關產品的毛利率普遍偏低，對整體毛利率有負面影響，雖因為營收成長的幅度足以抵銷毛利率下滑的不利因素，使得

整體獲利仍可維持成長。

　　只是之前也提過，在面對毛利率衰退、營收成長、獲利成長的標的時，投資人須適時地出場，因為後續營收若無法維持一定幅度的規模時，則在毛利率下滑下，對整體的獲利影響亦將是巨大的。

　　因此，在操作合併議題的相關個股時，投資人要留意2項指標：2家企業產品及客戶重疊度、2家企業營收比重對於毛利率及獲利的影響比重。

　　當客戶重疊度愈低，合併後企業對整體營運的負面影響愈低；當營收比重對於毛利率及獲利的影響比重愈接近，則代表營運、獲利成長的幅度愈高，畢竟在前者的前提下，1＋1要小於2的機率就相對低，甚至會有很高的機會大於2。

購併題材以操作購併者為主

　　就經驗來說，對於購併的題材，我偏好操作購併者，而

非被購併者。因為得以發動購併者，通常代表著擁有較高的資金來源，以及產業地位；而被購併者，不是說不好，而是通常各項指標都會比購併者次一等，雖然有些特例，但那不是常見的現象。

而且，當購併的消息見報時，不論被收購者的收購價格溢價幅度是多少，投資人如果不是原本就已經持有，通常很難第一時間再去追價買進持有，不是天天排隊掛漲停板買進，就是買到時已經離收購價不遠了，價差也有限（當然喜歡的還是可以追啦！畢竟錢是自己的嘛）。且購併又不見得必成，萬一破局又追在最高，反而容易被套在相對高檔的位置，得不償失。

當然，所有的投資方式、策略都一樣，一定有風險。因此，雖然購併題材是個還滿好操作、賺取價差的議題，但仍不可掉以輕心，畢竟投資有賺有賠，在投資市場中，有降低風險影響的方法，而沒有絕對必賺的事情，資金控管及資產多元配置，仍是不敗的定律（不敗並不等於必勝）。

例如 2016 年的樂陞（已下櫃）事件，不就是個最佳範

例嗎？從日商百尺竿頭用溢價收購樂陞，到收購成功，至最後百尺竿頭違約交割。姑且不論這起事件是不是詐騙，又或者事後多少厲害的專家提出疑點與看法，即使不是詐騙，投資人又何苦因為錯誤的認知，讓自己累積「參與自救會」的次數呢？且即使透過投資人保護中心訴訟勝訴，是否真的能取得求償的資金；又或者取得求償金是否能補足投資損失，都令人煎熬且不具期待性。

也許樂陞是特例，但要長期在股市中獲利，不就是要降低參與這樣「特例」的次數？即使真的不小心持有了這類特例的標的，也至少要對整體資產的影響不大，讓正常的日常生活可以繼續維持。不然，理財投資要做什麼呢？畢竟，有誰投資股市只是為了看數字上上下下，而非實際的資產增加？

公開收購2》單純投資 以大聯大、文曄為例

　　3-4 討論的是購併題材，但大家要注意的是，公開收購不僅只有購併一項，也有單純投資目的的操作。例如 2019 年 11 月，大聯大（3702）宣布將以每股 45.8 元的價格（溢價 26.87%），公開收購文曄（3036）股票，但大聯大宣稱它並沒有影響文曄經營計畫的意圖，也不打算進入文曄董事會。

　　就這例子來說，何者會是我關切的標的呢？當然就是大聯大了！這並不是說文曄不好，只是大聯大身為投資者，表示其評估自身的自有資金除了營運需求外，還有足夠的資金再去做額外投資，對我而言會是較好的標的。而這時要觀察的是什麼呢？

　　首先，來看看大聯大和文曄近 7 年的獲利及配息狀況。從數據中可以發現，2 家企業都是有獲利及配息，且大聯

大的平均配息率為 72.46%，文曄為 66.57%（詳見圖 1），平均都有 7 成左右的配息率，對股東不算吝嗇。

再者，以近 7 年殖利率區間來看（大聯大為 7.6% ～ 5.66%、文曄為 8.25% ～ 6.02%），2 家企業即使在偏貴的價格買進，都還有約 6% 的殖利率，若不在意價格，在台股中 2 家企業都可算是高配息率、高殖利率的標的了。因此，這 2 家企業也是多數以存股領息為目標的投資人，必備的存股標的。

既然大聯大和文曄都是不錯的存股領息標的，那這次的非合意股權收購案，投資人該如何處理手上的持股呢？

先來看大聯大在此次公開收購的價格 45.8 元，是否為一個合理的價格（註 1）？

當時是 2019 年第 3 季財報公布後，才有大聯大公開收

註 1：不用理會文曄説「45.8 元收購價」太便宜，畢竟有哪家公司願意表明自己值多少錢，且還會嫌收購價格太高的！

購文曄的訊息。而就 2019 年前 3 季財務數據來看，文曄合併營收為 2,384 億 1,300 萬元，年增 27.05%；毛利率 3.35%，年減 20.8%；稅後淨利 18 億 2,400 萬元，年減 16.64%，從這幾個數據來說，雖然文曄 2019 年還是有獲利，但顯示出整體產品結構轉差、營運獲利衰退的走勢，營運趨勢並不算挺好。

接著，我們從圖 1 中可以看到，文曄 2019 年預估全年 EPS 約 4.35 元，以過去 7 年平均配息率 66.57% 計，預計配發 2.9 元的股利，以殖利率區間 8.25%～6.02% 計，股價操作參考區間為 35.15 元～48.17 元。而大聯大出的收購價格為 45.8 元，這與預估文曄 2019 年的獲利、配息表現來比較，接近相對高的位置，算是有出高價收購的意思。而以文曄 2019 年的營運表現來看，也算是很有誠意的價格。

降低文曄持股，將資金轉進股價相對低的大聯大

此外，以大聯大對外說明來看，它並沒有要參與文曄經營的意思，僅為單純的投資，所以對大聯大來說，因為買

圖1　大聯大、文曄平均配息率約7成

大聯大（3702）2012年～2019年財務數據

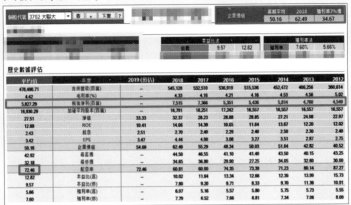

文曄（3036）2012年～2019年財務數據

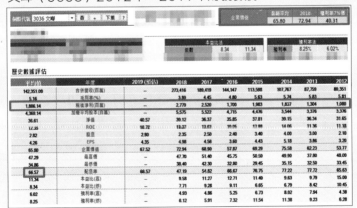

資料來源：CMoney 理財寶．恩汎——獲利領息價值股

股投資等於現金流出，後續股價變化頂多影響金融評價，不影響營運現金，且每年業外收入還可以認列文曄的股利分配，對於整體獲利表現有一定程度挹注。

在大聯大公開收購文曄的訊息出現前，我是同時持有大聯大與文曄這 2 檔股票，雖然每年都是可以保持獲利的表現，但從 2019 年 2 家企業毛利率的表現來看產品組合的狀況，大聯大波動算是正常，但文曄卻是呈現同期持續下滑的走勢，且似乎還未見底（詳見表 1）。

加上 2 家企業近期都有德州儀器（TXN）代理權終止的不利影響，在獲利表現上，大聯大透過轉投資增加收益的策略，倒是比較受到我的青睞。

而文曄因為害怕大聯大假投資之名行惡意購併之實，進行「發行新股換取合作夥伴」策略，若後續策略聯盟的營運效益無法顯現，在股本膨脹下，即使獲利持平，但 EPS 卻會下滑，反而影響配息，也會衝擊股價。

再加上大聯大屬於收購方，其買進價格為文曄預估股價

表1 **文曄2012年～2019年毛利率持續下滑**
大聯大（3702）、文曄（3036）毛利率變化

標的 （股號）	毛利率（％）							2019		
	2012	2013	2014	2015	2016	2017	2018	Q1	Q2	Q3
大聯大 （3702）	5.02	4.56	4.53	4.16	4.21	4.16	4.33	4.45	4.40	4.25
文　曄 （3036）	5.81	5.83	5.74	5.63	4.80	4.45	3.89	3.44	3.60	3.10

資料來源：XQ 全球贏家

操作區間相對高點，且考量文曄股本膨脹、獲利提升度不明確、獲利穩定度不明等因素，在公開收購消息公布後，文曄股價上漲，反而適合已持有文曄股票的投資人趁機降低持股，轉而持有目前股價處在相對低的大聯大。

至於這筆投資到底划不划算呢？這就得視未來時間的驗證了，以 2019 年的情勢來說，買進大聯大及賣出文曄，是以當下資訊可以判斷出的較佳策略。

而從後續的股價走勢來看，這個策略似乎還不錯（詳見圖2）。

留意通路商的營運風險——代理權喪失

不過，投資人要注意的是，由於大聯大和文曄皆為電子零組件通路商，賺取的是管理財，且有時因為代理的產品線多了，對於各項零組件的用途及優缺點多有了解，甚至還能有研發能力，除了可以幫代理廠商產品做後續服務、解決方案外，更可以產出自有品牌產品，增加獲利來源。因此，只要不是面臨如金融海嘯時，企業大規模的倒閉潮，多數時候不容易產生虧損。

而投資人仍不可忽視其營運風險，像是代理權的喪失，就是其中一種重大的營運事件。例如 2019 年 10 月，德州儀器宣布終止大聯大和文曄的代理授權，預計產品經銷只到 2020 年 12 月 31 日為止。此舉影響大聯大、文曄的營收分別為逾 1 成及近 2 成。

雖然德州儀器終止代理授權，是從 2021 年開始影響大聯大和文曄整體營運、獲利，但當下要判斷 2 家公司能否在 1 年左右的時間調整好，尋求替代的新產品線彌補，還是有些難度。雖然以 2 家企業在該產業的地位及對市場的

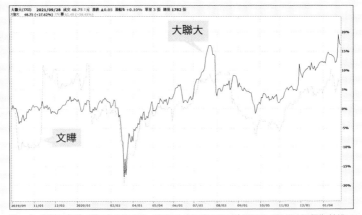

圖2 大聯大收購文曄後，股價表現佳
大聯大（3702）vs.文曄（3036）股價走勢

註：1. 資料日期為 2019.09.27 ～ 2021.01.27；2. 以 2019.09.27 股價為基準，
計算不同區間報酬率的變化　　資料來源：XQ 全球贏家

熟悉度來說，是可以樂觀看待，但仍需小心應對。

　　另外要注意的地方就是客戶的營運風險了。因為通路商的資本結構相較於其他產業來說相對薄弱，其營運現金通常都是應收帳款與應付帳款間時間差的契合，以及與銀行融資間的應收帳款額度，以維持正常的營運，而往來的客戶間也多有關係，常會因為一個大客戶的倒閉帶來的連鎖

效應,而發生整體營運困難的事情。

　　因此,投資人在股票投資的資產配置上,應避免將過多的資產重壓在此族群上,只需拉高整體資金效益的比重(例如整體資產的 10% 以內)即可。

3-6 觀察公司營運狀況 掌握正確進出場時機

除了前面 3-4 提到的購併題材對整體營收、產品組合變化顯而易見的影響外，平時最常遇到的狀況就是企業一般的營運循環了，而這個也是需要等待的部分。

透過財報數據找買賣點——以欣銓為例

例如 2016 年操作過欣銓（3264）購併題材後，欣銓 2020 年 10 月公布第 3 季財報後，又遇到了可以切入的時間點。

從財報數據來看，欣銓 2020 年前 3 季整體毛利率達 34.27%，較去年同期增加 31.03%，稅後淨利和營收也較去年同期分別成長 55.65% 及 16.41%，完全符合可以投入資金的初步條件。再搭配欣銓 2020 年前 3 季的 EPS 達 2.62 元，已超越 2019 年全年度的獲利表現（2.36

元），除非 2020 年第 4 季整體營運急凍，轉而虧損，不然全年度的獲利幾乎可以確定超過 2019 年的獲利表現。

而欣銓 2020 年 11 月公布 10 月營收時，從月營收較去年同期成長 25.99%，以及過去第 4 季營收與第 3 季營收相去不遠的營運淡旺季差別做判斷，基本上，欣銓第 4 季獲利要衰退的機率極低。

以每月營收相近來推算，2020 年 12 月營收最差應仍可維持在 9 億元的水準，故可以大略預估欣銓 2020 年第 4 季合併營收約 27 億 3,300 萬元（＝ 9 億 200 萬元＋ 9 億 3,100 萬元＋ 9 億，詳見表 1）。

假若欣銓 2020 年第 4 季毛利率仍維持在 30% 以上，則可保守以 2020 年第 1 季毛利率 31.22% 作為依據，預估 2020 年第 4 季稅後淨利約為 4 億 2,200 萬元（＝ 27 億 3,300 萬元 ×（2020 年第 1 季稅後淨利 3 億 2,100 萬元 ÷2020 年第 1 季營收 20 億 7,900 萬元））。2020 年全年稅後淨利略估約為 16 億 5,600 萬元（＝ 2020 年第 1 季稅後淨利 3 億 2,100 萬元＋第 2 季稅後

表1 **欣銓2020年10月營收年增25.99%**
欣銓（3264）2019年、2020年營收數據

月份	2019年營收（億元）	2020年營收（億元）	月增率（%）	年增率（%）	2020年累計營收（億元）	年增率（%）
1月	6.13	6.58	-8.27	7.26	6.58	7.26
2月	5.24	6.95	5.62	32.67	13.52	18.97
3月	6.37	7.26	4.55	14.02	20.79	17.19
4月	6.32	7.33	0.95	16.04	28.12	16.89
5月	6.68	7.52	2.52	12.46	35.64	15.92
6月	6.80	7.90	5.10	16.17	43.54	15.97
7月	7.06	8.19	3.69	16.06	51.73	15.98
8月	7.24	8.40	2.55	15.97	60.13	15.98
9月	7.24	8.65	2.94	19.49	68.78	16.41
10月	7.16	9.02	4.33	25.99	77.80	17.45
11月	7.08	9.31	3.21	31.47	87.12	18.80

註：採四捨五入計算　　資料來源：元大點金靈

淨利4億5,700萬元＋第3季稅後淨利4億5,600萬元
＋預估第4季稅後淨利1億2,200萬元），EPS約為3.52
元（＝16億5,600萬元÷2020年第3季加權平均股
數4億7,100萬股）。

以過去7年平均配息率62.86%計，估配息約2.21元

（＝ 3.52 元 ×62.86%）。對照過去 7 年本益比及殖利率區間，可以計算出本益比（9.09 倍～ 13.96 倍）價格區間為 32 元～ 49.14 元；殖利率（7% ～ 4.57%）區間為 31.57 元～ 48.36 元；股價操作參考區間為 32 元～ 48.36 元，中間價格為 40.18 元，因此將 40 元以下的價格定為可接受的買進價格。

　　所以便在 2020 年 11 月 11 日時以 34.65 元價格買進欣銓，並以 40 元以上為賣出參考價，收回本金，擴大獲利領息部位。而這小波段的操作，1 個月就可以有 15% 的價差收益，10 張可以獲取 1 張的獲利領息部位及些許的生活資金。將部位同等放大，則短時間布局出相當部位的獲利領息部位，則不是難事了（詳見圖 1）。

　　而以半導體的景氣來看，持續看好 2021 年以後相關產業的營運、獲利表現，因此當欣銓在 2021 年 5 月時回落至 40 元以下時，可惜當時沒有閒置的操作資金加碼，也就只能在後續它上攻創新高時，調整獲利領息部位的布局。

　　至於 2022 年呢？以目前法人預估欣銓 2021 年全年

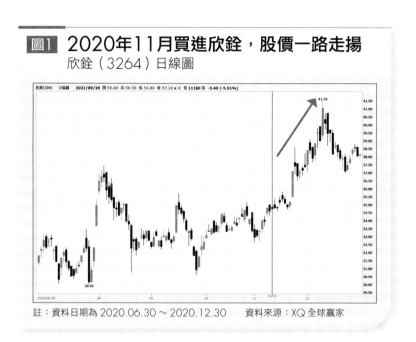

圖1 **2020年11月買進欣銓，股價一路走揚**
欣銓（3264）日線圖

註：資料日期為 2020.06.30 ～ 2020.12.30　　資料來源：XQ 全球贏家

EPS 可望達到 5 元計算，預估配息 3.14 元（＝5 元 × 配息率 62.86%），本益比（9.09 倍～ 13.96 倍）價格區間 45.45 元～ 69.8 元、殖利率（7% ～ 4.57%）價格區間 44.86 元～ 68.71 元，股價操作參考區間為 45.45 元～ 68.71 元，中間價為 57.08 元，這表示未來欣銓價格若還有機會回檔至 57 元以下，且 2022 年獲利還能持續成長時，投資人仍然可以接回持續來回操作。

在同一檔標的或不同標的之間有進有出，將未實現獲利「實現化」的操作，在資金不斷地滾動下，不但存股期間有價差收益可供獲利分配，也能將部分應用於生活中，同時還可以擴大獲利領息部位，持續存股，分散風險，穩定未來每年的股利收益。

毛利率下滑，出現隱憂——以奇偶、威健為例

前面是表現良好的例子，但有時候會碰到營收、毛利率下滑的情況，這種可能代表企業營運展望出現隱憂。

案例1》奇偶（3356）

例如過去曾操作過的奇偶，2011 年 IP Cam（網路攝影機）的熱銷帶動整體營收的大幅度成長，同時也因為 IP Cam 的毛利率較低，使得整體毛利率下滑，但因當年度營收的成長得以抵銷毛利率下滑的影響，整體獲利表現仍呈現成長的走勢，使得其股價亦水漲船高（詳見圖 2）。

但也因為產品 IP Cam 的技術門檻不高、毛利率低，在中國競爭廠商大量出貨、殺價競爭下，使得整體安全監控市

圖2 奇偶毛利率下滑,連累股價跟著下跌

奇偶(3356)日線圖

奇偶(3356)2013年~2019年財務數據

項目	2013	2014	2015	2016	2017	2018	2019
營業毛利率(%)	54.98	53.00	49.07	45.22	35.50	33.35	39.75
營收成長率(%)	12.12	-1.59	-4.84	-9.89	-16.68	-6.75	-6.71
營業毛利成長率(%)	7.80	-5.14	-11.89	-16.95	-34.59	-12.40	11.19
營業利益率(%)	29.09	25.14	18.48	11.47	-6.01	-7.71	3.38
稅後淨利率(%)	25.63	21.99	16.66	6.57	-12.49	3.81	1.65
每股稅後盈餘(元)	9.15	7.00	4.58	1.80	-1.98	0.77	0.22

註:日線圖資料日期為 2013.01.02 ~ 2019.12.31
資料來源:元大點金靈、XQ全球贏家

場獲利結構翻轉，訂單被低價搶單，也讓原本的績優生——奇偶營運快速惡化。在營收大幅度衰退下，搭配產品毛利率的下滑，整體營收從獲利轉為虧損的速度極快，連帶使得股價走向空頭走勢。

若投資人不知停利的重要性，只沉醉於奇偶股價從 2013 年的 120 幾元漲到了 2014 年的 213 元，帳面市值成長逾 7 成，帳面未實現獲利幾十萬、幾百萬元又如何？以目前（2021.09.29）奇偶股價 30 多元來看，帳面由盈餘逾 70% 轉虧為 -80% 以上。雖然不賣就不算賠，但中間還有幾年無配發股利，還不如放在定存划算。

雖然只要企業還沒有倒閉，投資人都有獲利機會，且奇偶 2019 年起毛利率有回升的走勢，有利於整體營運循環走回升的跡象，不排除未來的某一天股價仍有機會翱翔天際。但投資人明明可以有相當獲利（50% 以上）機會的操作，何苦讓自己落入了「虧損套牢等待期」的痛苦呢？

案例2》威健（3033）

同樣的狀況出現在威健的身上。威健在 2013 年、

2014 年毛利率衰退，但在營收成長得以讓稅後淨利不至
於大幅衰退下，股價還得以維持在區間波動；但至 2016
年，營收的成長已不足以抵銷毛利率衰退的影響，獲利表
現不佳，股價也提前反映未來營運獲利狀況，大幅回落，
直至 2017 年稅後淨利恢復成長，股價才有止穩的表現（詳
見圖 3）。

若毛利率能穩健成長，獲利與股價即可維持水準

從上述幾個案例可以看出，投資人在進行個股基本面操
作分析時，毛利率的表現重於營收的變化，因為只要毛利
率得以維持，甚至成長，整體獲利的表現相對於股價波動
都不會太差；但若是遇到毛利率大幅衰退時，即使營收有
大幅度的成長，仍需要謹慎對待，而不是看到營收成長就
貿然進場，萬一遇到毛利率和稅後淨利大幅衰退的情況，
營收的成長就成了布局的大陷阱。

從基本面進行個股的長期投資的確是相當辛苦的，畢竟
需要時時檢視、檢討持股的營運狀況，進而調整持股部位，
才能使收益相對穩健。長期持股也需要年年檢視，絕非一

定要抱著某檔股票持續 N 年，完全是本末倒置的投資策略。

　　而所有的投資策略及技巧，都只是想要從每次的操作中，以較佳的方法取得較大的勝率，雖然不一定每次都獲利，但只要勝多輸少、賺多賠少，就可以逐漸累積資產部位與投資經驗，進而在投資市場中才能長長久久。

　　從存股口袋名單挑選短期操作標的，到從毛利率變化及獲利狀況挑選操作名單，至最後預估獲利、配息，利用歷史本益比、殖利率區間換算股價參考區間，這一連串策略，基本上，只要是獲利長年在一定區間波動的標的皆適用。

　　但市場上不會只有獲利穩定的標的，當投資人遇到獲利突然暴增、獲利波動大的標的時，若用本益比及殖利率交互應用時，前者會產生預估操作區間與實際價格有極大價差的狀況，而後者則會發生買價大於賣價的不合理情況。

　　例如在 2018 年操作的新纖（1409），原本預期在本業獲利能力大幅度改善下，未來獲利表現若能脫離過去 7 年的獲利表現（EPS 約 0.4 元～ 0.8 元），EPS 向上躍升

圖3 威健毛利率衰退，連帶股價同步走跌

威健（3033）日線圖

威健（3033）2012年～2019年財務數據

項目	2012	2013	2014	2015	2016	2017	2018	2019
營業毛利率（%）	6.71	6.57	6.16	6.35	5.57	5.40	6.42	5.75
營收成長率（%）	-8.75	13.62	19.92	-2.74	12.62	18.72	2.04	-8.99
營業利益率（%）	1.90	1.93	1.92	1.95	1.43	1.76	2.39	1.56
稅後淨利率（%）	1.48	1.59	1.27	1.22	0.89	1.22	1.18	0.54
每股稅後盈餘（元）	1.78	2.16	1.94	1.70	1.33	1.95	1.83	0.71

註：日線圖資料日期為 2013.01.02 ～ 2019.12.31　　資料來源：元大點金靈、
　　XQ 全球贏家

1 元以上的表現，在股價完全反映下，可望有不錯的價差獲利。但因為新纖當年度的獲利成長屬於單一年度暴增的獲利表現，以過去 7 年平穩的本益比及殖利率區間來計算股價操作參考區間，就會換算出超出現價甚多的情況。

這倒不是說新纖就沒機會達到我們預設的價格，但若獲利暴漲只是單一年度的特殊表現，市場是不會馬上完全反映本益比、殖利率區間價格的。此時可以將時間拉短，像是改用近 5 年的本益比及殖利率區間來計算股價操作參考區間，以 14 元為新纖獲利了結價格，避免因短期獲利暴衝讓自己陷入價格評價的陷阱中。

就現況來看，目前（2021 年）新纖的 EPS 已連續 3 年都超過 1 元，雖然穩定度稍嫌薄弱，但若未來能持續穩固在 1 元以上，則有利於其本益比及殖利率價格的逐步反映。

若是以轉虧為盈為題材的標的，因過去 7 年的獲利可能有半數處在虧損期，且在配息有一年沒一年的情況下，甚至有虧損年度卻透過保留盈餘配發股利的情況時，在本益比區間及殖利率區間無法配合時，產生的股價區間也較難

具備參考價值，因此在操作上，取得價格操作參考區間的困難度就會提高了。

　　雖然當操作的經驗豐富了，要找到各式獲利表現標的的操作區間，倒也不是無跡可循，但對於投資新手來說，操作獲利不穩定、或者獲利波動區間較大的標的時，本身需承擔的風險本來就會較高。而我們投資雖然有時候會繳一些學費給市場，但總沒必要老當代宰的羔羊，對於這類較難評估與操作的標的，就避開就好。畢竟，投資策略的建立就是要提高投資的勝率與獲利的金額，無法適用的標的，只要放棄就好，何苦硬是要操作，增加自己虧損的機率呢？

　　因此，對於一般投資人來說，單純的只以營運獲利穩健、價格區間容易判斷者為標的即可，畢竟台股市場有逾1,700檔的標的，以我目前長期投資口袋名單找到約200多檔來看，能操作、獲利的標的還是不少的。

3-7 金融類股》獲利、配息穩定 適合作為存股標的

　　前面和大家聊了一些公開購併和一般營運的情況，接下來，會和大家分析一些較特別的股票產業，像是金融業、營建業和其他特許行業。

多數投資機構、基金會將部分資金投入金融類股

　　金融類股在各國都算是特殊的存在，除了因為主要業務牽涉到「錢」外，主要還是涉及了一國的經濟政策推動與社會的安定。因此，金融業在各國都屬於特許事業，除了設立時就受到嚴格的規範外，營運過程舉凡轉投資或新業務的申請，都受到政府金融監理單位的密切管理。畢竟一家金融企業的倒閉，都牽涉到國人的資產與社會的安定，需得小心應對。既然涉及到了社會、人心的安定，當面臨國際足以影響金融業穩定的事件時，政府仍是需要出手穩定的。

　　雖說有些人對於金融機構投資的金融商品內容揭露程度多有疑慮，但一般上市（櫃）公司所投資的金融商品、或是持有土地資產的實際狀況，一般散戶投資人也難以從財報中窺知其真實價值。既然此類資訊的揭露程度並非一般投資人能掌握，那以此作為決策依據，這就如同投資 ETF 還要糾結其中的 1 檔、2 檔成分股是否合意一般，就有點多餘了。

　　從企業的交易過程中，金融業所扮演的公正、安全、第三人角色來說，我認為金融業在經濟交易活動上的存在很難被撼動，畢竟在彼此不熟悉的 2 家企業要進行業務往來，在最初交易信任度有限下，有一個第三方作為交易保證的角色，相對會使整個交易順遂及安心不少。

　　不過，也因為金融類股主要獲利來源為放款及投資金融商品的營運特性，與全球景氣循環的關聯性極大，在企業營運風險的連環效應下，無論影響程度僅限一國，或者一經濟區域，甚至全球，都會衝擊其獲利表現。

　　但若以金融類股在經濟活動的作用及承平時期，大多可

以擁有穩定的獲利及配息這點來看，金融族群仍是許多投資機構會布局的標的。我們也可以發現，除了特別目的的基金外，大部分的基金都會有相當資金比重投資在金融族群上。故而我認為，金融族群是可以被納入觀察名單的。

金融類股可再細分為3類

以國內的金融族群來說，大致分為銀行、保險及證券3類（詳見表1），分述如下：

1.銀行》主要獲利來源為企業放款、個人信用放款及房貸

銀行主要獲利來源為企業放款、個人信用放款及房貸。其中房貸因為年限長以及債權具擔保性，是很多銀行會用來當作利息基底的放款，但也因為房貸的債權具有擔保性，所以利率通常不高，利差最小；其次為企業放款，利差比房貸好一些；利差最大者為個人信用貸款。

而因為存放比的關係，為了利潤，資金較為短缺的銀行，雖仍會有一定比例的房貸，但主力卻會放在利差較大的個人信用貸款。

表1 **銀行為多數金融類股的主要獲利來源**

上市（櫃）金融類股分類

_以銀行為主要獲利來源之_金融標的名單		
代號	名稱	公股／民股
2880	華南金	公股
2884	玉山金	民股
2886	兆豐金	公股
2890	永豐金	民股
2891	中信金	民股
2892	第一金	公股
5880	合庫金	公股
2801	彰　銀	公股
2812	台中銀	民股
2836	高雄銀	民股
5876	上海商銀	民股
2834	臺企銀	公股
2845	遠東銀	民股

_以保險為主要獲利來源之_金融標的名單		
代號	名稱	公股／民股
2881	富邦金	民股
2882	國泰金	民股
2888	新光金	民股
2823	中　壽	民股
2867	三商壽	民股
2832	台　產	民股
2850	新　產	民股
2852	第一保	民股

_以證券為主要獲利來源之_金融標的名單		
代號	名稱	公股／民股
2883	開發金	民股
2885	元大金	民股
6005	群益證	民股
6016	康和證	民股
6026	福邦證	民股

整體來說，公股為主的銀行，因為在金融開放前就存在，在資金成本較低、知名度充足及具有國家背景下，大部分較好的不動產及企業金融客戶，都集中在公股為主的行庫，

例如兆豐金（2886）、第一金（2892）等。而有些民股銀行，因為曾經購併公股銀行，例如富邦金（2881），也會取得同等的效益。

反而金融開放後成立的民股為主銀行，例如玉山金（2884）、遠東銀（2845）等，在資金成本較高，資本也相對薄弱下，主打業務就會落在利差較高的個人信用貸款及投資利潤較高的金融商品。

而這類銀行，在景氣好、雞犬升天下，獲利表現較具成長性；但相同的，當景氣反轉時，就很容易因為資產品質較差，整體營運則陷入虧損的狀況，獲利表現反不如公股銀行來得穩定。

雖然銀行大體以企業金融放款及個人金融放款為分別，但其實就企業放款的細項來説，還是有所差異，有些銀行企業放款偏重土建融放款（建商興建新案時，會將土地作為抵押品，向銀行申請興建貸款），例如聯邦銀行、板信銀行；有些則偏重中小企業放款，例如臺企銀（2834），在放款 2 對象不同的情況下，因應不同的景氣變化，對銀

行本身獲利影響的程度也會有所差異。

2.保險》主要獲利來源為壽險及產險

保險主要獲利來源為壽險（以個人為主）及產險（以公司行號為主），其中又以壽險規模為大宗。

壽險業因為收取保費的資金龐大，且還有儲蓄險、年金險等屬於比定存利率略高的類高利存款型的險種。收了這麼大總額資金後，總不能都放在銀行等利息吧？所以壽險業都會把收到的保費再進行運用，最常見的就是購買風險性金融商品，以及不動產了。

因此，壽險業在風險性資產方面投資布局的金額也頗高，這就讓壽險業除了產品本身的收益／損失影響外，同時須承擔國際市場的波動，以及匯率波動的影響，自然使得其營運、獲利的波動幅度會較銀行體系來得稍微高一些。

但也因為壽險業產品結構的關係，需要留有較高的現金作為保險事件發生的給付，以及充實資本用，因此在配息率上，壽險或以壽險為主的金控，配息率往往不是太高。

3.證券》主要獲利來源為股票、期貨

證券主要獲利來源為股票、期貨交易，此部分的獲利表現受到市場交易活絡程度影響。當交易不活絡時，則整體的獲利表現慘淡，甚至虧損；反之，則獲利表現會相當的亮眼及穩定。例如台灣過去受到證所稅的政策影響，國內證券市場的交易慘淡，不少券商或期貨商深受影響，整體獲利表現不佳。

但自逐漸走出政策影響的陰霾，以及台股指數長時間在萬點之上，甚至頻創新高下，交易熱絡度回籠，也使得證券為主的金融機構，獲利表現亮眼，逐漸受到投資者青睞。

上述 3 種金融類股，以獲利的穩定度來說，銀行因為主要業務為企業放款、個人信用放款及房貸業務，利息收益每月依利率收取，整體收益相對最穩定。

而證券與保險就得看證券市場的活絡度，如果市場活絡，那證券的收益也會較為穩定，保險的波動則較大；反之，則是因為在證券市場不活絡下，證券的獲利屬於相對低迷者，因此保險便會躍升第 2，最後則為證券了。所以就獲

利的穩定度來說，排序便為「銀行、證券、保險」，或者「銀行、保險、證券」。

　　單以銀行業來說，也還有差別，主要差異在於企業放款與個人消費性貸款。因為企業放款業務主要以企業營運自償性貸款為主，此部分多為長期配合客戶，額度年限多以1年～3年為主，授信期間短，雖然利差會較個人消費性貸款為低，但由於換約速度快，當利率趨勢向下時，新做放款的契約容易將利差拉回到原來的水準；反之，也容易降為原來的水準。故而企業金融放款的獲利，會比期間較長、額度小的個人消費性貸款來得穩定。

　　此外，對於銀行來說，企業放款也比個人放款較易取得擔保品。即使是較難有擔保品的中小企業，也還有政府的「財團法人中小企業信用保證基金」得以依餘額有所保證。

　　因此，相較之下，企業放款為主的銀行，長期的獲利表現會較個人信用放款為主的銀行穩定。

　　而在企業放款及個人信用放款業務，因市場規模出現成

長停滯的情況下，銀行又找到了一片新的獲利藍海，那就是「理財業務」。

因為銀行手上掌握了存戶的存款資料，自然會較其他金融同業更能掌握客戶金流，進而客製化相關金融商品組合，加上國人對於領息商品的熱愛，通常只要高於定存的利率及固定配息的金融商品，就很容易吸引存戶埋單，自然手續費收入也成為銀行獲利主要來源之一。

追蹤獲利、把握布局契機——以第一金為例

過去在國內銀行業尚未開放時，銀行屬於寡占市場，所有的銀行均為國營，具有穩定的高獲利。但隨著銀行開放民營，在愈來愈多的新銀行成立及市場利率競爭下，利差急速壓縮，也使得銀行業獲利出現停滯，甚至下滑。

後遭遇亞洲金融風暴，大型企業因為對貸款資金應用的不明確，常常僅需要 1 張 A4 的授信審查表，上面也只有 1 行「營運有資金需求」之類的用語，就可以從銀行貸出幾千萬元，甚至幾億元的資金。但由於這些企業借貸資金

都不是使用在本業營運上，更多的是用在轉投資非本業，以及買回庫藏股護盤的用途上，最後當景氣下滑、股票市場面臨斷頭時，使得企業營運周轉金跟著出現問題，銀行面臨大規模的倒帳風險。

也因此，銀行在企業授信業務上出現變革，例如開始落實「授信 5P 原則」等（詳見圖 1），加上政府的出手注資與重整，讓許多民營銀行營運得以重回穩定，穩定國內金融市場秩序。

雖然當時國內的企業金融秩序逐漸回穩，但因產業外移、企業對資金用途更加謹慎下，市場規模縮小，在僧多粥少的利率競爭下，使得銀行業的營運獲利進入衰退循環。

但一個市場消失後，還會有另一個新市場出現。在萬泰銀行（現為凱基銀行）率先推出的「喬治瑪莉」（George & Mary，借錢免利的台語諧音）現金卡業務後，銀行業發現了具備高利差的新藍海，同步強力推出現金卡、信用卡、個人信貸等無擔保的消費性貸款業務上，各家銀行開始進入以個人信用貸款為主要業務的時代。

　　之後，在銀行隨意發卡、用途不明確的放款業務再現（銀行貸款對象從企業移轉到個人，而借貸者的貸款用途也從具備自償性的資金用途轉到消費上），以及借貸者個人信用超額使用、以債養債等荒謬行徑下，爆發雙卡風暴及個人信用貸款違約的雙重打擊，加上當時同步遇到力霸掏空的事件（註 1），中華商業銀行直接被政府接管，更加速了國內金融市場的整頓。

　　在問題金融業──中華商業銀行、寶華商業銀行、慶豐商業銀行等陸續被處置整併後，縮減了銀行家數，但國內的金融業也進入了休養生息的階段。

　　當時仍在金融業服務的我，在熟悉銀行業務作業下，金融業絕對是拒絕投資的產業之一。但我在離開金融業後，少了身處金融業的龐大資源，發現身為一般的小散戶，要

註 1：2006 年 12 月，力霸集團因旗下企業發生鉅額虧損及負債，向台北地方法院聲請企業重整。消息公布後，引發旗下中華商業銀行爆發擠兌。之後，政府下令接管中華商業銀行，檢調單位亦著手進行調查，進而發現力霸集團涉嫌大規模違法掏空及超貸。

圖1　銀行放款給企業須落實「5P原則」

授信5P原則

授信戶（people）	評估企業及負責人的信用狀況、公司經營獲利能力、與銀行往來情形
資金用途（purpose）	評估借款資金運用計畫是否合情、合理、合法，明確且具體可行，切忌資金挪作他用
還款來源（payment）	分析授信戶還款來源的可信度，且還款來源與借款資金用途有其關聯性
債權保障（protection）	評估授信戶的還款來源與債權（擔保品），並對擔保品進行鑑估價值與安全性
授信展望（perspective）	整體經濟金融情勢對授信戶行業別的影響，及企業未來的發展性加以分析衡量

資料來源：中國信託

真切知道企業實際持有資源狀況，僅透過大眾媒體取得的資訊，絕對比身在金融相關產業時，掌握度低了不知道有多少。

既然理財投資是必做的事，而過去因工作經驗對於企業

營運的熟悉,加上不將本金持續盲目地投入 1 家企業,僅以獲利部位參與企業長期營運獲利分配,那只要掌握到企業營運循環與股價的關係,盡快收回布局本金,取回獲利,其他的資訊只要別太過離譜(例如經營者有掏空、詐騙等不良紀錄、經營者被詐騙過等,或者該企業就是與自己八字不合),也就不需要杞人憂天。

因此,在我的投資標的篩選中,主要回歸企業營運獲利循環的本質,雖然不是說對財務數字不重視,但卻可以對投資產業不再限制,且在多元產業配置下,反而收到穩定股利收益的作用。

扯遠了,拉回來。在全球金融海嘯後,各國都對於金融產業有新的規定並進行相關措施,而國內金融業因早已開始整頓,且因為市場封閉,雖仍有受到影響,但不至於像其他國際金融般嚴重受創。加上國內對於金融的限制原本就較高,我在 2012 年時,觀察到第一金(2892)的獲利表現已逐步回穩,並有恢復到金融海嘯前的獲利水準的跡象,可算是逐步走出營運困境,將有利於其未來股利水準的上升,因此開始將第一金納入操作名單(詳見圖 2)。

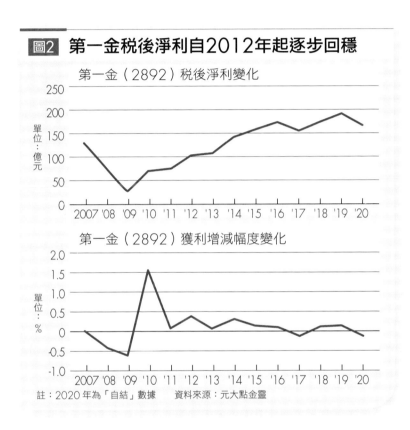

圖2 **第一金稅後淨利自2012年起逐步回穩**

第一金（2892）稅後淨利變化

單位：億元

第一金（2892）獲利增減幅度變化

單位：%

註：2020年為「自結」數據　　資料來源：元大點金靈

　　自2012年起，我開始陸續購入第一金的股票，並以「預估當年度EPS約落在1.23元左右，平均配息率約9成」計，預估配息1.11元，換算本益比（15.24倍～25.87倍）價格區間為18.75元～31.82元；殖利率（6.53%～

4.35%）價格區間為 17 元～ 25.52 元；股價操作參考區間為 18.75 元～ 25.52 元，因此訂 19 元為買進價。當下決定，只要第一金股價在 19 元左右，且當時手邊有資金又沒其他標的時，都優先買進第一金。同樣的，依照著獲利領息的操作規畫，同時也設定中間價格 22 元以上為投資本金回收、獲利了結的時機。

之後，隨著第一金營運的變化，股價也有所波動，有時接近 22 元時會調節，等待接近 19 元左右或以下時又再買回，就這樣不斷來回操作好幾年（詳見圖 3）。

2019 年，第一金股價已越過中間價，且緩慢朝相對高價格邁進，考量持有部位占整體資產約 40%，以及當時計畫將資金投資與半導體、5G 及車用電子相關產業的標的，因此在當年度填權息後，就陸續在 23 元～ 24 元間出脫手中第一金持股，並將股票質押貸款的部分清償（詳見4-4），收回本金及部分獲利作為償還房貸的資金。

雖然收回大部分的部位，但建置好的第一金獲利領息部位市值仍占整體獲利領息市值逾 2 成，而整體的金融族群

圖3 **2012年～2019年間來回操作第一金**
第一金（2892）日線圖

註：資料日期為 2011.12.12 ～ 2019.12.31　　資料來源：XQ 全球贏家

也是占了整個獲利領息市值的 4 成之多（詳見 1-3），雖然有單一產業比重過高的現象，但在跟隨企業營運循環週期的投資操作，透過持續滾動資產，建置獲利領息部位下，隨著資產部位的擴大，單一產業比重過大將僅是短期的現象，長期仍會回到最妥適的比重（不超過 1 成）。

　　要特別說明的是，雖然我在當時看好金融業的營運獲利

表現，但我仍留意資產配置，做好風險的控管與分散。因此，除了第一金外，也同時挑選主要身負政府金融政策執行的兆豐金（2886）為操作標的（註2）。雖然2家同屬金融業，但為降低單一企業對整體配息及資產市值波動的影響，同產業不單壓1家企業也是很重要的。

　　而2家企業不同的配息政策（兆豐金為全現金股利的發放，而第一金為7成～9成現金股利，搭配3成～1成的股票股利），也剛好符合我當時的投資需求，一方面可以有穩定的現金股利流進，除了有足夠的資金可以使用外，另一方面也可以同時擴大總持股數，穩定整體股利收益。

公股波動度較民股低，獲利穩定性更高

　　至於公股及民股為主的金融機構誰比較值得投資？對於以獲利領息為主體的投資操作模式，其實不用太在意。回

註2：除了兆豐金外，我還有投資華南金（2880）、中信金（2891）、合庫金（5880）、元大金（2885）、遠東銀（2845）等，此處僅以兆豐金為例。

顧前面所述，只要可以持續獲利、配息，都值得納入長期投資的口袋名單；之後就以其營運獲利的循環週期，在股價相對低時買進、相對高時賣出，獲利領息即可。

但就國內的金融機構來說，我會將公股先納入優先布局的標的，畢竟在國內金融開放前，屬於國營事業的金融標的，占有不少優勢，舉凡國內知名的企業或較有財力者，甚至國家的資金，幾乎都存放在公股金融體系中，擁有較低的資金成本、較穩健的客戶，另外，國內精華地段幾乎都是公股金融所持有與掌握，這從各金融業的分行所在位置也可以清楚地比較出來，公股金融的坐落地通常都較民股的為優。

同樣的，有優勢就會有劣勢，公股金融也非沒有缺點，營運獲利成長的爆發力較弱，且較需要配合政府的金融政策就是其無法更動的缺點。因為受到政府及社會的關注較多，且當公股金融出事時，往往都會形成政治話題，有時董事長、主管們還會被叫到立法院備詢呢。

所以，公股金融在營運上，大多會較民營金融保守，加

上萬一政府政策方向錯誤，還得默默背負虧損，悶著頭做下去。因此，多少都會有著配合政策就好，多做多錯、少做少錯、不做沒錯的消極心態，自然在獲利的暴衝度、期待上，就難與以 100% 營利為目的的民股金融匹敵。

但這也不是說民股金融就非常好，相對於公股金融的優勢與缺點，當景氣反轉時，民股金融因為持有的金融投資資產與客戶風險都較公股金融高，因此整體營運從獲利直接摔落虧損的機率也會更高，同時在資本額較低下，往往更需要透過現金增資從股東的身上挹注資金。這些因素都一再顯示，經營階層對於自有資本因應市場景氣波動不足的狀況。

基於以上狀況，在投資金融類股方面，以獲利波動穩定度來說，我是以銀行為主要布局的核心，然後搭配保險、證券為輔助。另外公股／民股的部分，便是以公股為主體，民股為輔。這樣的布局方式便可以因應景氣好與景氣壞時的影響，當景氣好時，投資組合可以擁有民股金融獲利成長的爆發性；而當景氣反轉時，也有公股金融的穩定可以保底。

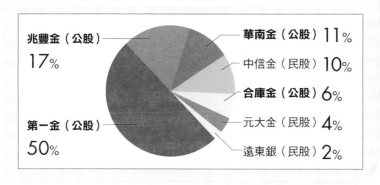

圖4　公股獲利領息占比逾8成
星大獲利領息現金庫金融個股比重

兆豐金（公股）——
17%

華南金（公股）11%
中信金（民股）10%
合庫金（公股）6%
元大金（民股）4%
遠東銀（民股）2%

第一金（公股）——
50%

　　在比例上，公股／民股我分配為 8：2。而由於本身過去
工作經驗僅對金融業中的銀行營運較為熟悉，因此在布局
上幾乎都是以銀行為主，而銀行中又以企業金融為主的銀
行為主，其餘則為輔助搭配了（詳見圖4）。

3-8 營建類股》從建案入帳期推估未來獲利

　　除了金融類股以外，營建類股也是許多人關注的議題。營建類股的獲利預估，在國際會計準則下已更改為「完工入帳法」，也就是預售的部分不可視為營收，而是負債，只有等預售屋交屋後，才能開始認列營收、獲利。隨著交屋的數量，預售所收的款項也會陸續從負債轉為資產，開始貢獻營收與獲利。

盤點推案，確認營收可維持水準──以華固為例

　　投資人在投資營建類股時，除了收集其銷售房屋的消息與總額外，還必須知道這些案子是屬於預售或先建後售。若是預售的案件，實際的銷售金額就會是未來的營運與獲利，以銀行一般土建融案件多以 3 年為基礎來看（特殊案例才會高於 3 年），預售的推案，其營收的認列通常會落在開工日後 3 年；而先建後售則為不同，因為房子是早就

已經建好了，所以銷售成交時，就可以直接認列營收與獲利了。

因為每年推案、完工銷售入帳的狀況不同，也使得營建類股的營收、獲利波動幅度頗大，這時依照本益比、殖利率來預估操作區間就容易失真。

例如營建類股中的資優生華固（2548）走的就是預售的方式，因此投資人在收集其營運資訊時，就得先留意其建案的入帳期，除了目前預售建案外，就是正在進行中的建案、預計交屋的時間，以及目前正在交屋的案件。有了這些資訊，才能較準確地預估未來營運獲利的週期。

例如在 2015 年第 1 季時，發現華固在歷經 2014 年營運入帳的空窗期後，整體在手預售案件總金額逾 300 億元，且都是近 3 年可以完工交屋的案件，因此預期獲利最差的年度已過，以當時市場預估 2014 年的獲利約 15 億元來看，未來 2 年至 3 年的獲利低於 15 億元的機率極低。

此外，當時華固經營層亦曾表示，期待每年的配息都可

以有 5 元的水準。以那時華固約 60 幾元的股價來說,每年 8% 的殖利率頗為誘人。且華固的推案大多為一線都會區地帶,屬於較高價格且熱鬧區域,預期銷售的狀況應可順利完銷,即使可能因為房市波動影響銷售狀況,在讓利銷售下,完全去化應不是問題。

因此,就當時的資訊來看,華固是一檔很不錯的投資標的,我還為此寫了一篇文章放在部落格上(詳見圖 1)。

之後華固的表現也很亮眼,在 2015 年、2016 年及 2017 年稅後淨利分別為 26 億元、24 億元及 21 億元,也驗證當時預期的內容無誤。即使在 2018 年,又遭遇入帳空窗期,但華固仍配發 5 元現金股利的公司配息政策(2018 年的股利會在 2019 年配發)來看,無論華固每年 EPS 是否超過 5 元,多賺的年度留下適當的保留盈餘因應少賺的年度,公司都以每年可配發 5 元股利為目標。

這樣的公司配息政策,正好切合我要穩定收息的目的,故而我也將華固列入存股口袋名單之中,不過即使如此,仍是以獲利部位長期參與公司獲利分配。

圖1 **華固建案多位於都會區，可加快去化速度**
星大於2015年撰寫關於華固（2548）的分析文章

> 華固建設股份有限公司（2548）為國內知名建設公司，主要營業項目為住宅及工業廠房出售出租業務，原主要<u>推案地區以北部地區為主</u>，目前以陸續開拓北部地上權、及中南部的精華地區。由於其營運策略採零剩屋模式，加上推案的地點都很好，因此庫存去化快速。也因其營運穩定及配息政策大方，使得不少大型壽險、基金進駐，以領取其毫息為主要投資目的。
>
> <u>去（2014）年為其完工交屋的空窗期</u>，原本整體營運僅靠庫存房屋及土地的處分，貢獻營收及獲利；惟建案「華固松疆」提前於第4季開始入帳，使得去年整體獲利達14.06億元，年減54.14%，稅後EPS為5.08元，董事會通過配發5元現金股息。
>
> 展望今年營運，雖華固松疆案提前於去年入帳，帶動去年獲利維持穩定，但對於今年的獲利貢獻相較之下，便減少甚多。
>
> 但看好其今年起進入建案密集交屋入帳期，1~2月受惠北投「奇妍-晴川」的入帳，合併營收達11.96億元，在3月起該案的密集交屋下，預計第1季整體營收可望逾32億元，年增約744.78%。
>
> 加上第2季起，「奇妍-出雲」、「華固天園」及中國成都「華固一品」的相繼交屋及完工，使得其今年的營運及獲利動能相當明朗。
>
> <u>明年推案時程明確─「華固天鑄」、「華固新綠洲」。</u>
>
> 整體來說，目前其<u>手中已售案量約304億元</u>，<u>將陸續於今年開始完供入帳</u>，為其未來兩年的營收、獲利帶來穩定，<u>基本獲利應都可維持在15億元以上</u>；加上其配息政策（現金5元），以目前股價約60元計，現金殖利率約8%左右。
>
> 雖目前政府政策及市場對於房地產這部分的規範趨嚴及看法保守，但在房地合一稅政策逐漸明朗，市場不確定因素消除下；加上日前營建類股普遍下跌及股價低迷，這類營收、獲利較為明確的標的，加上其土地庫存70%為逾較為抗跌的臺北市內，因此納入口袋名單中，俟機布局。

資料來源：CMoney 理財寶・恩汎─獲利領息價值股

資料來源：部落格「恩汎理財投資團隊」
（網址：symy04.pixnet.net/blog/post/195841809）

擁有「資產題材」族群未必屬於「營建類股」

另外，要特別注意的是，不要把營建類股和資產題材搞混。市場上很喜歡把新台幣的升值，與具備有大規模土地的資產題材掛勾，對此，我是認為看看就好，當然，若是剛好布局的企業有因為這樣的題材而上漲，到達操作區間的上緣，那也是樂觀其成。

但在操作資產題材時，投資人還是要留意，不是有土地就可以蓋住宅銷售的，有些土地是需要經過變更使用用途後，才可以變成建地的。所以如果操作的資產題材屬於這一類，那也許短期的訊息會帶動個股股價的上漲，但後續的利益實現，還是有相當的時間需要跑流程。如果剛好風頭過了，開發案還沒通過時，股價還是會因為獲利無法實現而向下修正的。

一般來說，如果企業本身不是營建類股，卻擁有資產題材，多屬於這一類（許多企業在過去產業風光時，賺到不少的資本，都拿去買土地擴建廠房），但由於這些公司最初買土地的用途並不是蓋住宅、蓋商辦，而是建廠，所以

這類土地大多需要變更使用用途，所需的時間也會較長。

　　另外一種則是已經可以直接開發的土地，一般來説，本身就是營建類股，或者營造跨足營建的族群，其所偏好持有的土地多屬於這一類，當所持有土地區域有新的土地重劃，或者都市計畫開發案時，這一類的標的將會直接受惠。

　　例如 2020 年下半年，因為台積電（2330）在南科的設廠，預期因為工作機會增加，將帶動台南房市的需求。這時我會直接找以台南為主要推案區的營建類股，而較不會去尋找只是剛好在台南擁有大批非建地土地的傳統產業，或者電子產業族群。

　　畢竟，會將生財器具所在的土地變更，表示該企業不是已將生產基地外移，就是手上的訂單已沒有多到需要這些生財器具，面臨到需要轉型的地步了。若是前者還好；若是後者，通常其近期的營運、獲利表現都不是太好，就是處在一個「吃老本」的狀態了。

3-9 其他特許行業》進入門檻高 具備強力護城河

除了金融業、營建業等大家較耳熟能詳、且關注的行業外，國內還有不少的特許行業，如廢棄物處理業及公用事業（如天然氣、電力等）。

這類企業在市場上的知名度並不算大，但所經營的事業卻都是民生必需的事項，因為都是需取得政府許可才能經營，且有些還會限定區域，公司規模都不算大，但因為為特許事業，無形中便形成進入門檻，成為產業的護城河。以下，我就來幫大家介紹幾個比較常見的特許行業。

廢棄物回收處理》受到政府監管，掌握特許權

無論是民生、工業，還是醫療產業，都會產生廢棄物、廢料。而有些廢料、廢棄物的產生，對環境會有很大的影響，處理不好將會危害人民的生活環境與生命，故而需要

有相當的處理程序，才能降低其對環境的影響。同時，有些廢棄物、廢料處理的過程中，會產生副產品，例如電能，還能得到另外的應用，這些都需要由廢棄物回收處理廠商來進行處理。

也因為廢棄物回收處理廠商需要對廢棄物有相當的處理能力，政府為了控管與監督，會對這類企業有相當的規範，除了經營區域、經營項目的限定外，有些處理設施的場所還會有所規範，或者需要持有相對應的廢棄物處理執照，才能辦理相關的業務。目前台灣有關廢棄物回收處理的相關標的有崑鼎（6803）、可寧衛（8422）和日友（8341）（詳見表1）。

廢棄物回收處理廠商在競爭上，因為特許權的關係，自然形成了護城河。至於護城河有多高？除了該企業賺取資金的能力以外，還有其能降低多少營運上的阻力（像是對中央、地方主管機關的掌握度，以及對地方事務的熟悉度等）。但這類的護城河，有利也有弊，因為一個地方的業務量也是有限的，在拓展海外業務上，也會在當地市場遇到同樣的護城河關卡。

此外，由於廢棄物回收處理廠商只要能夠持續掌握特許權，營運、獲利都是相當穩定。但同樣的，有利就有弊，獲利穩定意味著，企業的業績想在短期要有大幅度成長，也是有相當的難度，這也是投資人要注意的地方。

天然氣》受惠政府能源政策，需求持續上揚

天然氣為潔淨能源之一，為因應全球降低排碳及穩定能源供應，各國均將天然氣作為重要的能源開發來源，而目前天然氣的開發速度尚跟不上天然氣應用、需求增加的速度，致使全球天然氣價格有持續上揚的趨勢。

加上國內正處在去核能的國家政策，在核能電廠逐漸除役，綠能建置完全無法跟上補足電力缺口下，火力發電成為國內主要能源供應，但燃煤的空氣汙染與國際趨勢不符，在燃油、燃煤的逐步去化，天然氣補上缺口下，國內天然氣需求的持續上揚，將可期待。

目前台灣有關天然氣的標的有大台北（9908）、欣天然（9918）、欣高（9931）、欣雄（8908）、欣泰（8917）

表1　**目前廢棄物回收處理相關標的有3檔**

廢棄物回收處理相關標的

標的	股號	簡介
崑　鼎	6803	為中鼎（9933）集團環境資源事業部，為國內最大的廢棄物處理、環保資源回收、焚化爐營運公司。主要營收來源4成為廢棄物處理、3成為回售保證垃圾量的電力收入，另為求營運獲利的穩定成長，除拓展海外市場外，亦積極布局太陽能電廠等綠能事業
可寧衛	8422	主要經營有害事業廢棄物之清除處理業務，包含有害金屬汙泥廢棄物固化清理、有害重金屬鋼鐵業集塵灰固化清理、有害重金屬都市垃圾焚化爐飛灰固化清理、有害石綿廢棄物固化清理業務，以及棄置場址與地下水汙染控制場址整治業務
日　友	8341	為潤泰新（9945）的轉投資之廢棄物清除服務公司，主要經營一般、有害及醫療廢棄物之清運、焚化、掩埋等處理業務，具備運輸、中間焚燒處理一貫化作業能力，為國內醫療廢棄物處理廠商之一。2003年進軍中國，成立北京潤泰環保，從事醫療廢棄物處理業務

資料來源：MoneyDJ理財網 - 財經知識庫

和新海（9926）（詳見表2）。在布局上，可先以天然氣公司主要經營區域將其分為2個部分：住宅區、工業區。

1.住宅區

以住宅區為主的天然氣公司，在都市的天然氣使用率愈

來愈高下，目前雖仍有成長性，但卻會愈來愈趨於穩定。當使用率飽和、穩定後，其成長的來源就只剩下天然氣的價格了。也就是說，此類天然氣股，營運獲利較為穩定，但缺乏爆發力。

2.工業區

　　以工業區為主的天然氣公司，受到景氣影響較高，在景氣正向循環下，需求就會大增；反之，就會減少。例如近期政府政策在減碳的趨勢下，禁止燃油鍋爐的使用，工業區企業就開始以天然氣替代，形成需求大增，營運獲利的成長幅度就會很可觀。但若萬一遇到國內新冠肺炎（COVID-19）疫情上升至 4 級警戒，工商活動全面停止時，那使用量就會大幅下滑，營運獲利的穩定度就不如以民生為主要經營區域的天然氣公司了。

　　從上述資訊來看，投資人可以住宅區為主的天然氣股，作為穩定股利收入來源的保底獲利布局；接著，再以工業區為主的天然氣股，作為價差滾動資產成長的攻擊手段。在一攻一守的布局下，既有穩定收益，也具備價差收益的投資布局。

表2 目前天然氣相關標的有6檔

天然氣相關標的

標的	股號	簡介
大台北	9908	以住宅區為主，主要銷售供應地區為台北市7個行政區（松山區、信義區、大安區、萬華區、中正區、大同區、中山區）及士林區福華、明勝2里
欣天然	9918	以住宅區為主，新北市中和區、永和區、新店區、深坑區及台北市文山區（景美、木柵）5個區域。在政府政策主導下，營業區域還拓展至石碇區、坪林區、烏來區
欣　高	9931	以工業區為主，主要銷售供應地區包括高雄市9個行政區（三民區、前金區、新興區、苓雅區、前鎮區、鼓山區、左營區、楠梓區、鹽埕區）
欣　雄	8908	以工業區為主，主要銷售供應地區包括高雄市鳳山區、大寮區、鳥松區、仁武區、岡山區、大社區、燕巢區、大樹區、林園區、阿蓮區、永安區、旗山區、橋頭區、路竹區、小港區、田寮區，以及臨海、林園、大發、萬大、鳳山、仁大、永安、本洲和路竹等9大工業區
欣　泰	8917	以工業區為主，主要銷售供應地區包括新北市樹林區、土城區、鶯歌區、三峽區、蘆洲區、五股區、泰山區、八里區、林口區及桃園市龜山區迴龍里
新　海	9926	以住宅區為主，主要銷售供應地區包括新北市三重區、板橋區及新莊區

資料來源：MoneyDJ理財網 - 財經知識庫

市場上不存在「非景氣循環股」

前面介紹那麼多不同類型的股票，但其實在我眼中，所有的企業都是景氣循環股。基本上若是以產品價格與需求作為依據，也還真的沒有「非景氣循環股」。因為在市場中，所有的企業都會面臨著大環境與競爭者的變化。

例如在金融海嘯前，在新興市場基礎建設帶動的全球景氣成長期，在需求大於供給下，原物料、商品飛漲，帶動全球通膨及經濟成長。在有利可圖下，自然就會有很多的人開始投入相關產品、原料的開發與銷售。在原供應者擴產與新供應者投入下，供給就會大幅度的增加至供需平衡。同時當營運成本上升時，若產品的報價跟不上調漲，在利潤縮小下，自然就會開始尋找替代性的商品，如同當時黃金價格飛漲，封測廠開始開發「銅打線」取代「金打線」（註1）一樣。

而供給與需求並不會永遠的成長，當供需出現反轉的失衡時，也就是災難的開始。例如金融海嘯後，需求急凍，原物料、航運等供給過剩，造成價格崩盤。此時大型企業

因應市場反轉的優勢就會較明顯，這也是為何大型企業在面臨景氣變化時，能夠較中、小型企業能夠存活的原因。

一旦價格崩盤，企業倒閉潮就會開始出現，供給者減少，慢慢的就會再走向供需平衡，然後就靜待市場新的需求顯現，再帶動下一次需求大於供給的榮景，例如 2020 年下半年最夯的貨櫃航運了。

此外，雖然許多人都認為，電信類股、民生必需的食品、電力、天然氣族群等屬於非景氣循環股，但若真是如此，為何中華電（2412）的稅後淨利，會自 2010 年的 476 億元開始逐年下降，至 2014 年的 386 億元？因為企業都是會受到市場競爭影響其產品報價、市占率，而落入營運獲利循環的。

雖然中華電的稅後淨利在 2015 年回升至 428 億元，但

註 1：打線接合是 IC 或 LED 產業晶片封裝重要製程之一。若用銅來打線，稱為「銅打線」；若用金來打線，稱為「金打線」。

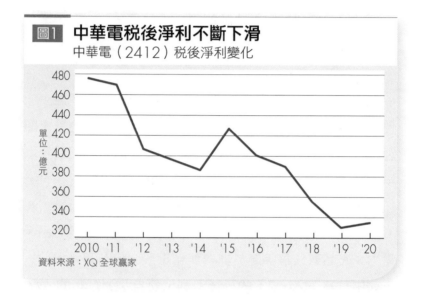

圖1 中華電稅後淨利不斷下滑

中華電（2412）稅後淨利變化

單位：億元

資料來源：XQ全球贏家

其後仍逐年下降至 2019 年的 327 億元。之後中華電的稅後淨利在 2020 年回升至 334 億元，但相較於 2010 年的 476 億元，仍是衰退 3 成之多（詳見圖 1）。不過，即使如此，中華電每年 4% 左右的殖利率仍是讓許多保守投資人趨之若鶩，這沒有對錯，仍是選擇的問題。

以前幾章的例子來看，若同樣的資金，投資在營運、獲利成長的標的，那價差的收益，遠遠不是每年 4% 可以比

擬。但若投資人因為這樣吃不好、睡不著，影響了生活品質，那倒不如買這類每年殖利率 4% 左右的標的，可以好好地睡、好好地吃。說不定窩著窩著，也是可以迎來其下一波營運、獲利成長的循環。

活用投資工具
創造多元收益

4-1 做好資金控管 不怕遭遇市場風險

前面 3 章闡述我在投資操作上的相關概念，接下來，我會和大家聊聊一些更深入的東西，像是如何做資金控管、如何看待手續費／證交稅；以及一些常見的投資方式介紹，像是 ETF 投資、槓桿投資和儲蓄險投資等。以下，我們先來看資金控管。

自 2008 年起，從單純的存股投資，到 2012 年起，搭配獲利領息的投資方式累積資產，我就一直維持著 100% 的持股。就算是獲利出場後，到下一檔個股的布局，出來的資金也很少在證券交割帳戶閒置超過 3 天。即便台股自 2017 年 5 月起開啟了史上最長的萬點行情，期間仍然是 100% 持股，甚至 2021 年台股頻頻創新高，或者劇烈震盪的現在（2021 年 8 月～ 9 月），依然是 100% 持股。

有人肯定有所疑惑，一直都是 100% 持股，不怕崩盤時

跑不掉嗎？又或者，大跌時，不就沒錢攤平或加碼，那又該怎麼辦？

　　會有這樣疑惑的人可能忘了，在有進有出的投資操作中，獲利金額會進入收支方程式中，就會有新的投資資金進入市場。而收入增加，只要支出沒有同等幅的增加，可支配所得就會增加，預備金的提列會更快速與充實，同時閒置資金增加，投資資金也會增加。

　　且原本就是投資市場的投資資金，因為有資金的移動，低買高賣後再轉進獲利成長、股價處在相對低的標的，除了同樣能手上有資金外，即使遇到股市劇烈波動，因為原本就處在區間相對低，跟隨下殺的幅度亦有限。即使套牢，因為具備基本的獲利條件（選股 3 要素，詳見 2-2），自然可以在仍有股利收益的條件下，輕鬆等待下一波的循環。這樣就可達成：1. 獲利實現、2. 持有標的基期低的好處、3. 垷金無虞。

　　舉例來說，因為做了價差，實現獲利，以投入 500 萬元的本金，在投資組合獲利 20% 時賣出，獲利 100 萬元，

此時的 100 萬元再依需求做配置。

　　當現金需求高時，100 萬元可以依資金需求做比率分配，例如 7 成提出當生活所需回到收支方程式中的收入（詳見圖 1），3 成則作為獲利領息的布局配置；當現金需求低時，可以 3 成提出回到收支方程式中的收入，7 成做獲利領息的布局分配。

　　也因為有獲利再分配的動作，使得存股方面，不但「持股總數」可以持續成長，且在分散配置下，股利的穩定度也較高。

　　而現金的部位，回歸到收支方程式中，再將閒置資金做新一輪投資資金的分配。這樣，就不用擔心市場的變化，不但生活資金無虞，即使要再投入，也不會沒有資金。

掌握投資標的3要件，獲利機會將生生不息

　　因此，會擔憂沒有資金使用的人，可能就是操作與資金控管方面讓投資人自己沒有信心。若能做好兩者之間的搭

圖1 可支配所得扣除預備金，剩餘資金再投資

收支方程式示意圖

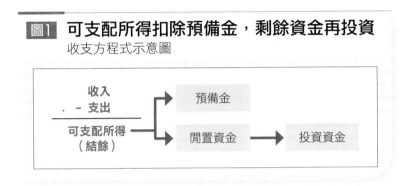

配，投資人真的不需要在意大盤指數是在萬點，還是在千點。因為無論投資市場如何變化，如何影響持股市值的變動，在不影響正常的生活資金下，有錢就有膽，投資人都不用太過擔憂現金的問題。

至於持股部分就更不用擔心了，只要投資的標的都具備3個基本要件：1.具備基礎獲利能力，能抵抗景氣循環；2.每年都能配息；3.領息為主的投資機構長期持有。

同時又是進駐預期當年度獲利成長，在股價相對低時的標的，當影響市場波動的因素消失時，這類標的因為具備「穩定獲利」、「配息」及「成長」的要素，在市場反映

企業營運展望的誘因下,投資資金勢必回頭追逐這類標的,投資人又何須擔心呢?

只要確實地做好追蹤標的營運、獲利的表現,資金配置及適時加碼,就能不斷把握回升時的獲利機會,生生不息。

回顧我的投資歷程,我常常在做的,只是將自己的資金放在市場低估的成長商品。當市場上的資金來進駐、追逐該項商品時,我再適時將自己的資金調整至其他市場低估的成長商品,並透過這移轉的過程中,將市值的成長實現化、轉為實際投資單位的成長,達到整體收益的穩定性。

因此,與其說我是主動投資、創造收益累積資產的投資人,又或者認為我是存股投資人,而我自認為只是一個不斷進行資金配置的分配者而已。

源頭控管》只用閒置資金投入投資市場

與一般投資人透過現金與持股比重的資金控管方式不同,我並非把所有的收入都當成投資資金進入投資市場,而是

扣除生活基本開銷，以及預備金後的閒置資金，才進入投資市場。

這也就是我第 1 階段的資金控管——「投資金額的源頭控管」，這樣的資金控管方式，讓我在遭遇投資風險發生時，即使投資資金全賠光，基本生活品質仍不至於受到影響。既然基本生活品質不受影響，自然不會沒錢生活，也就沒什麼睡不著覺的因素了。

這邊要特別說明一下，雖然我對於投資資金的心態，是進入市場就如同投入大海般，要有有去無回的心理準備，但卻不代表不重視錢，可以胡亂投資浪費錢，所有投資應注意的事項（選股要件及進、出場要件），仍得按部就班地完成。這也是每次遇到股市劇烈波動，周遭朋友慌亂時，自己仍能坦然面對的原因。

既然源頭資金控管如此重要，我們又該如何做好呢？很簡單，我們可以透過記帳的方式，掌握每月基本支出，並以儲備年收入 2 倍為預備金的目標，每月提撥固定比率資金，剩餘的錢才作為投資本金，投入投資市場。

　　隨著資產規模的上升，在基本的預備金準備上仍不可忽視。雖然在投資獲利及資產累積的過程中，預備金的準備會相當快速，甚至很快就達成，但隨著可支配所得的增加，開銷也會慢慢增加，此時投資人也必須謹慎以對。

　　一般來說，支出隨著收入的增加是正常的，但若是收入增加 10%，開銷也增加 10%，那似乎也無法多準備些什麼。因此，通常我會自己設定個依據，例如以每年從股票市場中提出 150 萬元（價差、股利同計）為目標，當連續 2 年超額 30% 以上時，才將次年的消費支出稍微增加個 5% 至 10%。當然若是其中有 1 年未達標，消費支出的額度自然就不動，又或者回復最原始的設定了。這個的設定可以是一個比率，也可以是一個金額，端看投資人如何設定可以讓自己最容易執行。

　　存好預備金之後，下一步就是投資資金了。投資資金是在有可支配所得的前提下，且已提撥適當金額的預備金後，可以開始規畫的部位。這個部位屬於「以錢賺錢」的概念，基本上它可以有 3 種去處：1. 定存、2. 股票或基金、3. 保險。至於哪個地方可以做到資金效益最大化、能加快整體

收息資產累積的速度？這個因人而異，一樣還是選擇的問題，無關對錯。

我在銀行工作時，就曾有位顧客，僅靠著定存及儲蓄險，就把他家4層樓8戶的公寓，買下5戶，分別留做小孩未來的自用宅。所以不是只有自己的方式最好，又或者別人的方式好，最重要的是，哪種方式對投資人自己最好。

在投資資金為閒置資金的源頭控管下，已保障在最不幸的投資結果下的基本生活，但要讓整體投資收息資產規模及整體收息金額能夠呈現穩定成長，當遭遇投資標的不可控制的風險時，降低對整體資產的負面影響，就得需要第2階段的資金控管——「單一持股比重控管」（詳見圖2）。

單一持股比重控管》分散風險

在企業金融工作時，我們會對同一集團企業的放款做總額控管，除了避免銀行對單一集團客戶的授信比重過高，影響整體貸款品質以外，還能避免單一集團營運狀況出事時，對銀行的營運產生無可挽回的影響，這也是一種「雞

蛋不要放在同一個籃子裡」的概念。

　而這部分無論資金大或小，都是同等重要的問題，因為沒有人會願意一輩子的辛勞與積蓄，毀於一旦。

　無論是放款業務或投資市場，通常傷害最大的都是評估起來最安全的企業，因為自以為安全而心安，就會不知不覺中擴大部位，超出自己實際可以承受損失的範圍。

　沒有做好單一持股比重控管的投資人，當那個「萬一」（風險）產生時，往往都是無法挽回的狀況了；有做好單一持股比重控管的投資人，在限額影響下，資產不斷成長的過程中，就會自然做到分散風險，而將單一部位的影響程度控制在一定範圍內。

　至於該如何做單一持股比重控管呢？一開始我是以自己年薪為基礎，也就是若年薪為 60 萬元，則單一持股不超過 60 萬元。而更保守的投資人，可以以自己 1 年可存到的投資資金（閒置資金）為基礎，作為單一持股的限額。而隨著資產的逐步累積，至現在因為利息收入已經到了一

圖2 **在投資資金中須做好單一持股比重控管**
閒置資金分配示意圖

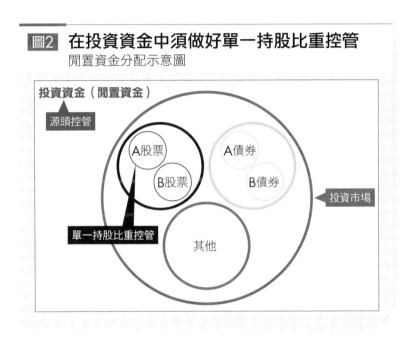

個階段，我目前是改以 1 年利息收益為單一持股資金控管。其概念就只是，萬一真的不幸遇到持有個股的營運風險，就當作自己白做工 1 年吧。

這是最基礎的依據方式，每位投資人一定都會有自己熟悉的產業及企業。對於這類熟悉度高的企業，當然可以給予較高的投資額度，但無論如何是從何種角度來規範單一

持股額度上限，就投資個股來說，其額度都不會是無上限，畢竟再熟悉的標的都存在著意外。

就像我們在 1-3 所談到無法規避的企業營運風險（包含客戶營運風險和經營者道德風險），即使投資人與企業經營者再熟悉，對經營者的人品了解很深，也無法深入認識企業每位員工，甚至於其往來的客戶，無論是創造獲利領息部位的第 1 階段存股操作，還是進入第 2 階段的獲利領息存股階段，單一持股比重的設定，都是投資人必須依據不同的資產階段，適時做出調整。

整體而言，我是朝著獲利領息部位的個股，占比都在整體資產的 10% 以下為目標。而第 1 階段的存股操作，則以同時間本金進駐在 5 檔標的內為限制。

不管是在股票市場或投資任何的投資商品，如果能做好投資資金的源頭控管與單一持股比重控管，即使遇到投資商品的清算，在不影響基本生活，且損失也在可控制範圍內的情況下，自然就可以安心睡覺，長長久久地從投資市場中提款囉！

4-2 切勿為了節省手續費、證交稅放棄獲利機會

在投資交易的過程中，都會產生一些費用，例如投資台股，在買進時會收取千分之 1.425 的收續費；在賣出的時候則除了千分之 1.425 的手續費外，還會收取千分之 3 的證券交易稅。所以投資人在進行 1 筆會賣出的買賣交易時，就必須讓持股有基本千分之 5.85 的獲利，才不會讓每筆交易都侵蝕到本金。

也因為每一筆交易都會產生費用，使得市場上有一些「不要頻繁交易」的見解出來，讓投資人在投資交易過程中，可以降低被收取這些費用的比重。甚至極端一點的人還會有「不交易就不會多付手續費，就可以獲利」的誤解。

手續費退款也可成為收益

但大家要知道，投資人避而遠之的手續費項目，有人可

是拿來當作收益。不論是券商直接在交易中折扣，或是事後的退手續費，當一位投資人頻繁地交易，每筆交易的收益只抓千分之 5.85 時（也就是不賺不賠時），若交易的成交量有 200 萬元時（買賣合計），手續費繳出了 5,700 元，若券商給予折扣 50%，則可以收到 2,850 元的手續費退款，成為其獲利來源。

試想，若將成交的部位放大，當成交量達 2,000 萬元時，50% 的折扣，則每月手續費收益可有 2 萬 8,500 元；若是想要近 5 萬元的月收益，則得有 1 個月逾 3,500 萬元的成交量。

這種透過多次交易來賺取手續費退款的好處是沒有個股持有的疑慮，不需承擔企業的營運風險，且以小資金就可以達成。但缺點就是交易會非常頻繁，而且很累。

當然，為了擴大收益（畢竟能少 1 元的費用就是多賺 1 元）而計較手續費並沒有錯，所以才會有跟所屬券商要求折扣的狀況嘛！且若是持股處在套牢虧損的狀態時，若手續費少、折扣多，則可以少賠一點。甚至當套牢的幅度不

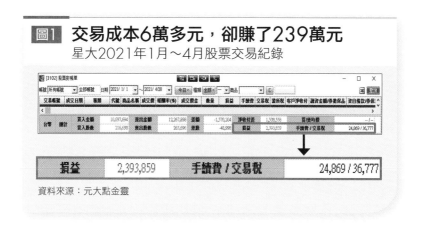

圖1 交易成本6萬多元，卻賺了239萬元

星大2021年1月～4月股票交易紀錄

| 損益 | 2,393,859 | 手續費 / 交易稅 | 24,869 / 36,777 |

資料來源：元大點金靈

是太大時，還能夠作為打平的手段。

　　但投資人常不是一開始就處在虧損的狀態，更多時候還可能是被「長期投資」的概念給綁架了。若初衷本是要只買不賣的長期投資人也就算了，但如果你只是因為不想多付些手續費、交易稅，或者避免被稱為價差投機者，而放棄了價差獲利的機會，那就真的是得不償失了。

　　這點從今年年初我的股票交易紀錄中就可以得知。如圖1所示，雖然我在4個月的時間，就付出了6萬多元的手續費及證券交易稅，但卻可以因此獲利239萬多元。若當

初我一味的把自己關在只買不賣的牢籠裡，雖然只付了 1 萬 2,000 元的手續費（只買不賣，手續費只有買的時候要付），也省了 3 萬 6,000 元的證券交易稅，但卻錯失了資產一次成長 239 萬多元的機會。

這一來一往間的差距，以時間價值來看，以同樣參與這 4 個月資金輪動的 350 萬元左右的本金計算，若每年複利 10%，要花費 6 年時間才能增加逾 239 萬多元的收益，且在這段期間內，該筆資金是無法動用的（詳見表 1）。4 個月和 6 年的時間，這中間的取捨，投資人可得好好的思考與抉擇。

基本上，世界上所有的產業、企業營運都有向上及向下循環。當你歷經向上循環卻不知退卻時，後續就是往向下循環走。即使是投資人最愛的 ETF——元大台灣 50（0050），不也是會依據台灣 50 指數市值變動調整成分股而調整持股嗎？

投資個股的你，就只是在做「賣出獲利向下的標的、買進獲利向上的標的」這件事，而這件事其實就是唯一可以

表1 **若年複利10%，需6年才能增加270萬元**
以本金350萬元計算

年度	年初金額（元）	每年收益（元，以年複利10%計算）	年末總金額（元）	累積收益（元）
1	3,500,000	350,000	3,850,000	350,000
2	3,850,000	385,000	4,235,000	735,000
3	4,235,000	423,500	4,658,500	1,158,500
4	4,658,500	465,850	5,124,350	1,624,350
5	5,124,350	512,435	5,636,785	2,136,785
6	5,636,785	563,679	6,200,464	**2,700,464**

據以說指數「長期」仍是向上的主要原因（持有 ETF，換股的手續費跟交易稅仍是從淨值扣，死抱著 ETF 不代表你沒繳到這些，只是你無感而已喔）。

　投資交易換股就像 0050、元大高股息（0056）更換成分股一樣，投資人在投資布局中，為了分散單一持股比重的風險，也會選擇分散持有。也許分散的對象各自有所依據而不同，但其基本概念都是一樣的──定期檢視持股，將已不符合當成分股的標的予以替換，以求整體資產市值穩定的成長，以及每年穩定的收益。連 ETF 都在做一樣的

事情，投資人何必為了投資／投機，這無聊的虛名而煩惱，更應該積極完成符合自己收益的投資模式。

　　若只想透過不斷地買進，取得個股波動區間的平均成本價，在股市回升階段賺取一個市價超過平均價格的獲利機會，則一段期間的只買不賣、降低交易頻率與手續費的方式，倒是可以增加獲利機會。

　　但若是投資人可以掌握個股、甚至整個景氣循環的趨勢，那不頻繁交易就不是需要考量的地方，畢竟，當持有 1 檔標的，無論是 1 個月漲 20%，還是 3 個月漲 40% 都沒差，唯有不斷獲利了結、擴大收益，再將資金轉投資基期低的新標的，增加財富累積速度，才是投資的真正目的。

　　因此，無論是哪種投資方式，投資人都不可以不懂「獲利了結」的重要，畢竟投資市場，只有透過資本利得（主菜）才能快速累積財富；領息，只是這個過程中的附帶效益（副菜）而已。

4-3 〉ETF投資》買進一籃子標的 降低單一持股風險

　　一般而言，在不同的資產規模下，會有不同的考量。當我只有 500 萬元的資金時，500 萬元的進出是游刃有餘，但當資產規模擴大到 1,000 萬元、2,000 萬元，甚至到 3,000 萬元以上時，一次要挪移的資金就會翻倍。但就投資熟悉度來說，500 萬元是我認為在操作上最為輕鬆的，也可以說這就是我目前的能力圈。

　　那多的資金該怎麼辦？獲利領息的操作，剛好滿足了部分這塊資金的需要，因為分散持有、獲利領息，基本上就沒有必須時時關注與調整的需要，只要每季確認持有標的仍然能獲利配息即可。

　　但同時我也思考，若是獲利部位有一部分能自己調整成分股，同樣的提供穩定的股利收益時，那就相當於在自有的獲利領息現金庫外，還有一個委外代操的獲利領息部位

了。這邊並不是說當資產規模逐漸擴大後，就去找人幫你代操，這邊我是透過投資符合自己投資目的的 ETF，做到類似資金委託操作的目的。

ETF 簡單來說就是在股票市場掛牌的基金。基金是什麼？基金就是集合眾人的錢，再委由專業投資機構負責投資管理，其投資的收益及風險則由投資人共同分擔。

目前基金又主要分為主動投資與被動投資：主動投資是以管理基金經理人團隊從管理基金成立的目的為方向，從中透過自行挑選標的進行訪談、研究，而做成投資操作的決策；被動投資則是追蹤某一市場編列的指數中，對該指數編列的成分股進行追蹤與操作調整。

在基金的營運成本上，主動投資的基金，其成本大多比被動投資基金為高，畢竟一切都是自己來，跟追蹤別人已經設定調整好的，在營運成本上本就不同。

既然 ETF 是基金的一種，本身就已經具備「資金不是放在 1 個籃子裡、分散持有」的概念，因此雖然買的是 1 檔

ETF，卻是同時持有多檔股票為成分股，即使成分股中的 1
檔～ 2 檔有事，也不會對整體投資資產造成重大的損失。
相對於僅投資 1 家企業，該企業出事，整個投資資金也就
歸零來說，在資金上就已經是相對安全。

　至於是否需要持有多檔 ETF 來分散風險？對於資金有限
的小資族來說，我個人是認為不用的。即使資金已達一定
程度的標準，也是建議頂多持有不同區域或者不同種類的
ETF，倒不需要為了分散而再分散。

　那投資 ETF 與一般持有多檔標的，透過資產配置達到資
金分散的投資人有什麼不同？對我來說其實是一樣的，只
是投資 ETF 的投資人，將挑選成分股的選擇權交給發行機
構所制定的選股條件而已。

　至於主動投資的 ETF 比較好？還是被動投資的 ETF 好？
其實還是回到個人感受與選擇的問題，只要不是天真地誤
認為投資 ETF，成分股出事自己不用承擔風險就好。別忘了
前面說的，「投資的收益及風險則由投資人共同分擔」，
ETF 的成分股出事，還是會對淨值產生影響，這個是永遠不

會改變的，只是持有 ETF 的投資人不會有如投資個股般，持有壁紙的感覺而已。

而投資人更要注意的是，隨著金融商品的不斷演進，期貨、選擇權這類保證金投資類的商品，也會成為基金投資的標的。

在保守的投資操作策略下，期貨、選擇權這類有時間性、會隨著時間而產生價值減損的標的，我們都不考慮了，那投資內容有包含這類標的的基金、ETF（例如元大台灣 50 正 2（00631L）、元大台灣 50 反 1（00632R），這類 ETF 中文名稱後面有加正 2、反 1 的金融商品），自然不是我們的投資選項，只有實際購入實體股票型或債券型基金的 ETF，才是我們的選項。

0056成分股具有配息高、股價偏低等特性

至於 ETF 該怎麼挑？我從台股眾多的 ETF 中，剔除交易量低及上市期間短於 5 年的 ETF，選出將成分股現金股利及成分股調整時的價差收益，都配發給投資人的元大高股

息（0056）。

0056 是從台灣 50 指數及台灣中型 100 指數共 150 檔成分股中，挑選未來 1 年預測現金殖利率最高的 30 檔作為成分股。

由於 0056 的 30 檔成分股，是挑選未來 1 年「預測」現金殖利率最高的 30 檔，而要挑選出高現金殖利率股，就意味著挑選出的標的通常需具備配息高、股價偏低等特性。通常要符合這 2 個要件的標的，較高機率會從台灣 50 指數及台灣中型 100 指數中挑到具備獲利成長性，股價尚未反映的標的。

當企業營運符合預期的機率高時，那 ETF 就會有股息跟價差 2 種收益並存。但萬一符合預期的機率低呢？那就會遇到賺了股息、賠了價差的狀況了。但至少這每半年度的審核調整，會對持有的成分股做出調整，讓整個成分股可以維持優勢。

而牽扯到預估，也就會有準確性的問題。從 0056 指

數編製的說明中可以看到，它是參考國際專業財金資料庫 Thomson Reuters 系統的資料，至於它的準確度如何，就得透過長期的觀察了。

　　從 0056 上市以來的股利收益來看，有 2 次無法配發股利。第一次是在 2008 年，當時 0056 才剛上市，因規定收益分配評價日（9 月 30 日）股價不得低於發行日股價，而 0056 在 2007 年 12 月底上市後，隔年就遭遇金融海嘯，致使 2008 年收益分配評價日股價為 17.33 元，低於發行日股價而無法配發股利。

　　另一次則為 2010 年時，因為經會計師評定基金所有收益扣除已實現及未實現損失後，低於發行價格，無盈餘可分配，故而沒有配發股利（詳見圖 1）。

　　那投資 0056 未來是否還會遇到不配發股利的情況呢？雖然在元大投信後續陸續修改配發規定後，也發表過只要成分股有配息，元大高股息 ETF 就會配息的聲明，且目前每年也是都有配發股利的情況下，看起來似乎代表了未來每年都會配息。

圖1 **0056多年來幾乎都有配息**
元大高股息（0056）歷年配息狀況

註：圖中年度為股利發放年度　　資料來源：Goodinfo! 台灣股市資訊網

　　但我們還是來檢視一下相關規定。0056 的公開說明書裡提到：

　　「本基金（指0056）可分配收益，除應符合下列規定外，並應經金管會核准辦理公開發行公司之簽證會計師查核出具收益分配覆核報告後，始得分配：1. 本基金每受益權單位可分配之收益，係指以本基金受益權單位投資所得之現金股利及本基金因出借股票而由借券人返還之現金股

利扣除本基金應負擔之費用後之可分配收益且不需扣除已實現及未實現之資本損失；2. 前款可分配收益若另增配其他投資所得之利息所得、已實現股票股利、租賃所得、已實現資本利得扣除資本損失（包括已實現及未實現之資本損失）及本基金應負擔之費用時，則本基金於收益評價日之每受益權單位之淨資產價值應高於本基金信託契約第 5 條第 2 項所列本基金每受益權單位之發行價格，且每受益權單位之淨資產價值減去當年度每受益權單位可分配收益之餘額，不得低於本基金信託契約第 5 條第 2 項所列本基金每受益權單位之發行價格。」

簡單來說，元大投信的聲明是基於前述收益分配的第 1 點，但若是 0056 要將前述第 2 點現金股利以外的收益納入分配時，就得回歸到相關收益扣除已實現，以及未實現損失後之淨資產價值再扣除第 1 點可分配之收益後，需大於發行價格才能列入加發了。

所以這是否代表未來 0056「一定」都會配息呢？只要 30 檔成分股所配發的現金股利扣除基金應負擔的費用後不為負數，那 0056 應該可以如元大投信聲明般，只要成分

股有配息，就能配發現金股利給投資人。所以我不會打著
0056 一定會配息的打算來投資，只是就「30 檔成分股配
發的現金股利不足以支應相關費用」這條件來看，發生機
率應該算非常低。

　　所有選股策略都一定有其優點跟缺點，這是並存的，不
會是單一的。而且同樣的條件，對我來說是優點，但對於
某些人來說可能就是缺點了。如同「預測」這件事情，雖
然很多人會跟你說不要去預測，那是神的事情，但這就有
點把預測想像地太過於偉大。

　　預測不是要當神，而是要讓投資人在面對事件的發生時，
先有個底。例如 3-4 的範例欣銓（3264），就是先預估獲
利與配息，當它公告獲利達標時，投資人就能即時反應是
要買進、續抱或賣出。同樣的，當它公告配息政策時，投
資人也可以依據是否符合預期，而做出相對應的操作策略。

　　因此，當看到 0056 有「預測」的這個成分股挑選的依
據時，除了與我在投資操作方式上契合外，也降低對於單
純以市值的大小為篩選成分股標準的疑慮。

以定額、定價方式布局0056

在 0056 的投資上，我採用的是定額、定價的投資方式：以 0056 歷年平均配息殖利率 5% 回推買進價格，平時就把部分的價差收益或現金股利收益提撥一定比率先存著，等到價格到達時，一次買進。當時（2020 年年初）的做法如下：

0056 在 2009 年～ 2019 年間，總配發現金股利 13.85 元，平均 1 年為 1.259 元（＝ 13.85 元÷ 11 年），以殖利率 5% 回推，願意買進價格為 25.18 元以下（＝ 1.259 元÷ 5%）。

當初計算出這個價格時，周邊的朋友都笑著說，現在元大高股息都在 28 元～ 30 元間，你要等到何時才能買呢？結果還真的給我等到了，因此，我便在 2020 年 3 月 20 日，將這期間提撥的資金，一次地投入 0056 的布局（詳見圖 2）。

之後，0056 在 2020 年 10 月 8 日公布配發現金股

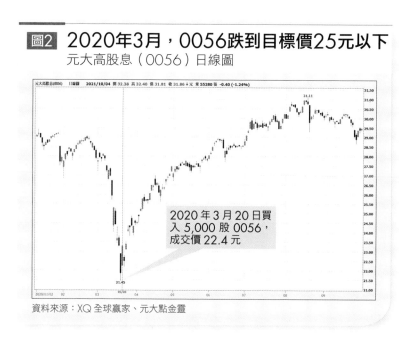

圖2　**2020年3月，0056跌到目標價25元以下**

元大高股息（0056）日線圖

資料來源：XQ全球贏家、元大點金靈

利 1.6 元，如果以下一個交易日（10 月 12 日）最低價 29.71 元買進時，現金殖利率還有不錯的 5.39%（＝1.6 元÷29.71 元×100%）左右。但對照我買進的成本（22.4 元），卻可以擁有高達 7.14%（＝1.6 元÷22.4 元×100%）的收益率。

而同時，0056 在公布 2020 年股利政策後，累積年度

到達 12 年，總配發金額為 15.45 元，每年平均配息更新為 1.2875 元，換算 5% 殖利率，回推購買價格上升至 25.75 元。由於 0056 自 2020 年 3 月之後，就未再跌回 25 元以下，所以目前就繼續提撥部分的獲利資金，等待大盤下一波的殺盤時，再進場撿便宜了。

但若是不想等待的投資人，想要有較大的價差收益來滾動資產，又想要有較高的股利收益，但卻不想花時間在選股上，那倒是可以考慮元大台灣 50（0050）與 0056 的互相搭配。因為 0050 貼近大盤的波動，因此可以用定期定額的方式來累積 0050 的價差收益，每到帳上有一定比率的獲利時，就將獲利部位轉到 0056 去累積配息的收益。

例如每月存 5,000 元到 0050，當累積到 10 萬元時遇到帳上收益 20%，便賣出 2 萬元的部位，轉存到 0056 去累積每年 5% 以上的股息收益，藉著互相搭配來促進資產與股利收益的成長。

又或者只想單一的長期投資 0050 與 0056，其實都是可以的，而同樣的，若可以加入價差的操作，等待股市不

定時的不確定因素下殺時，進場撿便宜，都絕對是可以加入資產累積的選項。

基本上無論投資怎樣的金融商品，我都習慣會給予觀察期，跟不投資新上市的股票一樣，新募集的基金我也不會投資，自然新募集的 ETF 也就不會是投資標的的選項，但不投資不代表不能列入追蹤觀察。

與新上市股票通常會在上市前，將自己的營運獲利包裝得非常漂亮一樣，新上市的 ETF 也是會包裝、行銷，但這類標的，或者説是投資概念包裝的 ETF，是否能夠存活在市場上，就得經歷市場的考驗。

一味地跟風投資 ETF，很容易就會讓人落入清算風險，雖然跟個股清算通常拿不回 1 塊錢相比，基金的清算至少都還有清算價值，但投資人何必拿錢去累積清算的次數呢？

一段時間的追蹤、觀察，也能讓投資人更清楚，該 ETF 成立的目的與操作方式，是否是自己想要的內容。例如目前市場上最多人拿來相較的 0050 及 0056，兩者成立的

目的與篩選成分股的方式截然不同，但卻常被拿來互相比較績效，其實有點好笑。

因此，仍是同樣的觀點，不管是投資 ETF 或個股，投資人應該是需要什麼才投資什麼，這是選擇問題，無關對錯。

舉例來說，一位完全不做價差，只想每年可以有股利收入來當作生活資金的投資人，結果跑去選平均配息低的，或者不配息的商品投資，結果收益不足以支應生活所需。

或者以市值成長為主要考量，期待 N 年後可以坐擁 Y 倍的市值，不考量股利收益，只考量需要錢時就賣點累積的持股因應生活資金的投資人，卻去選擇把每年收益全配發、高殖利率標的為主要投資標的，那就有點與自己期待的目標背道而馳了。

以ETF作為選股池，篩出各產業龍頭股

前面是 ETF 的投資方法，但其實 ETF 還有一個另類應用可以教大家，那就是可作為選股池。

在存股領息的投資操作中，標的的挑選一直是一般散戶投資人的罩門。對於個股，常常做了很多的功課與研究，卻總是在進場後，不知道何時該加碼？何時該減碼？何時該換股？

別懷疑，當你存的標的是一家公司時，獲利了結與停損換股，一定會是長期投資的過程中，100% 要學會的事。因為學不會這件事，如果存到的是「曾經的」績優股，而不是「當下或未來的」績優股，那幾年後的結果可能會是天差地遠呢！

那究竟該如何挑選個股標的呢？我們可以從國內最知名的 2 檔 ETF──0050、0056 的成分股中進行挑選。

從證交所的資料可以發現，0050 追蹤的指數是台灣 50 指數，而 0056 追蹤的指數則是台灣 50 指數及台灣中型 100 指數，這表示 0050 和 0056 的成分股，基本上代表了在台股中具備流通量之市值前 150 大的上市、上櫃公司，同時也代表台股中較具績效的 150 家企業，投資風險相對較低。

因此，若投資人不想投資無法自己挑選成分股的 ETF，又對從 1,700 多檔標的中挑選投資標的有困難，倒是可以從 0050 及 0056 的成分股中去挑選未來 1 年營運、獲利成長的標的，再搭配本益比及殖利率價格區間來進行投資操作，也是個不錯的方式。

從 0050 及 0056 所挑選出來的成分股，在一定程度上大多代表台股中各產業裡的龍頭股，在整體財務結構、營運、獲利上，都會相對安全與穩健。

但投資人在從 0050 及 0056 成分股中挑選標的時，還是要留意成分股的營運、獲利走勢，因為這些標的的股價走勢仍然不脫離「反映未來營運獲利狀況」。

且投資人在挑選標的時，仍應以產業龍頭股為主，因為在具備流通性下，以市值大小為成分股篩選時，市值的大小影響數主要來自 2 部分：1. 資本額、2. 股價。若為產業的龍頭股，通常資本額都有相當的規模，較具備抵禦市場景氣的波動能力，也許股價沒有小型股的活潑，但在面臨景氣波動時，至少都能維持獲利的表現。

　　所以，要從 0050 及 0056 的成分股中挑選標的，第 1
步先從中挑選出長年在指標內的產業龍頭股（仍可從 2-2
的選股 3 要件下手），再來就是挑選預估當年度營運獲利
成長的標的（3-2 所述預估獲利），最後就是投資預估獲利
下的低本益比、高殖利率（2-3 的操作區間判定）的標的了。

　　最後，投資人要注意的是，萬一投資到的是因為股價上
漲而使得市值被選進成分股的標的，因為此時已經是反映
過去財報的成長了，所以也不要太緊張，只要當年度的營
運獲利仍是成長，則尚有很大的機會獲利。但若是預估的
營運獲利狀況是反轉向下的，由於此時股價已反映過去的
營運表現而處在高檔，通常都還會有高殖利率的題材可短
暫支撐股價，投資人就該適時收手，以避免後續面臨營運
獲利衰退時，股價下跌、市值減少，面臨被踢出成分股的
情況，那可就正好在高點進場，在低點出場了。

以ETF成分股的選入、剔除，作為進出參考

　　不過，這也給願意預測營運獲利走勢的投資人，另一個
方向的延伸思考。既然有些營運具備大幅波動的標的，

在股價上漲之下，有機會被選進台灣 50 指數或台灣中型 100 指數成分股，那在其被踢出成分股時，大部分便已經處在反映其營運獲利衰退，股價下跌的狀況。若是在成分股調整時列入觀察，並在其度過營運獲利衰退期，營運毛利率、營收成長率及獲利轉為正成長時（3-1 所述），那便有較高的機會反能參與其未來股價的上漲，並在納進成分股時，作為獲利出場的依據。

要知道所有的觀念與操作都是靈活的，投資人只要多在市場中歷練，累積經驗，為自己在這股票投資市場中，必定能夠找出一個適合自己操作的節奏與方式，累積資產。

4-4 槓桿投資》避免過度槓桿 產生沉重的財務壓力

在這個薪資需靠實質的數字業績獎金，才能在短期間內大幅成長的時代，對於較難評估實質工作效益的內勤工作者來說，薪資要有所成長，除了透過緩慢的大鍋菜加薪法外，理財投資成為了許多人的選擇。

但要投資，就得需要投資的本金，面對收入成長幅度有限的情況，除了斤斤計較、節省下每一分錢，緩慢的累積投資本金方法外，難道沒有更快擴大投資本金的方法嗎？答案是有的，最常見的有投資槓桿型金融商品、貸款投資、借券、股票質押貸款等，但不是每種方式都適合一般小資族，以下我會替大家一一解說。

槓桿型金融商品》報酬高，風險也高

有需求就會創造供給，當市場上有人需要透過小小的資

金，來獲得倍數的獲利時，自然就會有人提供槓桿型商品來滿足所需。但別只看到「小小的資金，獲得倍數獲利。」這段話就開心不已，因為它漏寫了「反之，也有倍數的損失。」

一般來說，當我們用現貨、全額的投資時，投資 A 商品 50 萬元，當 A 商品價值成長到 70 萬元時賣出，那可獲利的收益就是 20 萬元，報酬率 40%；反之，當 A 商品跌價至 30 萬元時，則有 20 萬元的損失，報酬率為 -40%，且最大的損失就是全部投入的本金 50 萬元。

但當投資槓桿型商品，因商品種類的不同，投資人只需要提供投資標的價值的部分資金即可操作。以 50% 為例，當投資人投資價值 50 萬元的金融商品時，只需要出 25 萬元的資金即可操作，若該金融商品價值上漲至 70 萬元，則投資人可獲利 20 萬元，相較於投入的本金，此時報酬率可拉高至 80%，看起來非常誘人。

但萬一價值剩下 20 萬元呢？則不僅賠掉了 25 萬元的本金，還得加賠 5 萬元，投資報酬率為 -120%。當投資人手

上只有 25 萬元，卻靠著信用擴充至 50 萬元的交易時，就開啟投資市場中的破產之窗了。

所以就一個「沒有停損概念、沒時間研究，又對金融市場敏感度不高」的投資人來說，槓桿型的金融商品並不適合，不僅不會加速財富累積，還會讓投資人從負數開始。若你目前是屬於這類的投資人，那麼期貨、選擇權、權證這類產品並不適合你，現股投資就成為唯一的選擇。

貸款》以每月儲蓄金額，推估可貸金額

投資人若不想只是每個月 5,000 元、1 萬元慢慢存錢、投入金融市場，還有一個方法就是「預支未來」。不同於槓桿型金融商品的時間效益遞減性、倍數賺賠性，投資人可以透過與銀行的融資（貸款）往來加快財富累積的速度。

向銀行借錢這事，在我父親那一輩可是件要緊的大事，且長輩們通常對於借錢這件事情非常地在意與謹慎，因為有太多還不出錢、被銀行追債的案例，其結果都不太好。但說真的，除了跟父母借錢有相當機率免還，跟地下錢莊

借款會被追殺外，跟銀行往來可算是相當安全了。

有正確的貸款觀念非常重要。很多人對於借錢買股票很排斥，卻對借錢買房很放心，但在我看起來，兩者是一樣的東西，差異只在於股票是動產，而房子是不動產而已，且雖然兩者在性質與用途有巨大差距，但同樣都是借錢買東西，不是嗎？只要有正確的貸款知識，自然就能妥善的應用貸款資金，做出適當的決策。

貸款是什麼？預支未來的收入。既然是預支，那投資人就得審慎的評估當下的收入，是否能在借款期間，穩定提供還款的資金。

換句話說，貸款更像是分期付款，1 個 7 年期、利率 3%的 50 萬元貸款，每月的攤還金額約 6,610 元，就相當於讓自己每月存 6,610 元，預先將 7 年後的 50 萬元拿到當下來使用。而預支了未來，自然要是付出一些代價，這個代價就是利息。

因此，每年除了償還本金以外（有透過分期償還強迫儲

蓄的作用），透過投資組合的收益率及貸款利率間的利差，只要投資組合不是太差，每年可以有 3% 以上的息差收益，倒算是不錯的投資計畫了。

別小看這 3%，只要收益率維持在 3% 以上，每年累積的收益就已經超過慢慢存錢累積及放定存的投資人了。

而做信用貸款投資時，最重要的事情就是「還款來源」，投資人可用每月可以儲蓄的金額，反推作為貸款金額及期限的依據。

例如每月可以存 5,000 元的投資人，以貸款利率 3%、期限 5 年來説，能借款的總金額就是 27 萬 5,000 元；若每月存 5,000 元的投資人，利率同樣 3%，期限拉長至 7 年，則借款的金額可增加至 37 萬 5,000 元；若是每月可存 1 萬元的投資人，利率 3%、期限 7 年，則借款金額可再拉高至 75 萬 5,000 元（註1）。

註1：這部分的算法因為比較複雜，大家可以自行上銀行網站查詢，或者打電話去銀行詢問。

基本上，儲蓄用來還款的金額愈高、期限愈長，可貸的總資金就可以愈高；反之則愈低。而使用每月可儲蓄金額來推估可貸金額的好處在於，不但還款來源明確，且再也不用擔心自己會超額借貸。

借券》收益狀況取決於計畫借券者

在與投資朋友分享投資操作的方式時，常會有投資朋友詢問：「大部分的錢都放在長期投資的標的了，因為屬於可長期持有的穩定標的，計畫做一波段操作，短期間並無賣出的考量。如何可以在不動到持股水位的前提下，能有資金進行操作來擴大戰果？」

通常這時就會有「借券」這個聲浪出現。沒錯！借券是個選項，但也不是每個標的隨時都有人要借，且收益也不見得每筆相同。

雖然出借者可以自己設定出借的收益比率，但太低收益不佳，太高又借不出去，因此，收益狀況就得取決於計畫借券者了。

股票質押貸款》與融資一樣具有斷頭風險

若是個人信用貸款利率較高者，另外還有一個將已持有股票「資產活化」的方式，就是股票質押貸款。

什麼是股票質押貸款？股票質押貸款是以股票為擔保品，向金融機構借出擔保品價值一定比率的金額。通常股票質押貸款的額度，屬於短期循環動用（註2）的額度。由於這筆資金可隨借隨還，有動用才算利息，因此，對於在進行大波段操作、存股投資的投資人來說，在等待波段行情的結束，或者等待每年的收益入帳前，手上都可仍有一筆資金隨時可以使用。

此外，股票質押貸款的錢也可投入同樣的標的來擴大投資收益，這對於有在研究企業基本面及手上在同一標的有大部位時，是相當有用的資金運用策略。股票質押貸款操

註2：循環動用型貸款：銀行給予借款人一個額度，借款人可在此額度內視需要隨時動用與償還，利息依動用的金額「按天計息」，每月再將每日的利息做加總來「按月繳息」。

作方式如下：

　　假設小雪在 2013 年 7 月時，將所計畫持有一段時間，50 張部位的第一金（2892）向銀行申請股票質押貸款 50 萬元、期限 1 年（每年續約）、循環動用、利率 3%。之後，小雪將取得的 50 萬元資金全數再買進第一金，買進均價約 17 元，取得約 29 張。

　　若將貸款購入的 29 張第一金持有至 2019 年，在金融股獲利成長幅度減緩及市場未來走勢愈來愈多變下，於貸款續約前，以 23 元的價格賣出，期間（2013 年～ 2018 年，共 6 年）的總成本與收益的變化如表 1 所示。

　　從表 1 可以看到，貸款持有的 29 張部位，這 6 年總領現金股利為 16 萬 2,955 元，比這 6 年貸款所支付的總成本（含開辦費及利息支出）10 萬 2,000 元還多，而這 6 年間總共取得 8,887 股的配股，就可成為獲利領息的持股部位（也就是零成本部位），且還有 22 萬 7,955 元的淨獲利。若是將買進部位及股票股利全數賣出下，整體 6 年來的總收益達 103 萬 4,356 元，整體資產增加

71.82%。

　　這整個操作過程中，還沒有動到原本持有、拿去設質的 50 張第一金持股。且在持有的這 6 年間，投資人設質給銀行的股票部位仍可以參加每年的配股配息，並不影響身為股東的權益。也就是說，在原持股股票設質的資產活化操作中，等同於用原本持有 50 張第一金的部分資金，額外創造了收益。

　　前面是股票質押貸款的操作方式，實務上，有些人會把「股票質押貸款」和「融資買股」搞混，但兩者是不太一樣的。融資買股是投資人向券商借錢來買股票，且借來的資金就只能買股票；而股票質押貸款則是銀行以整個股票的市值，給予特定的成數作為整筆授信額度放貸，在資金的使用上相對靈活。此外，就借貸利率來說，融資買股利率高達 6% 以上，而股票質押貸款利率約 3% 左右，成本上的負擔也會較低（註 3）。

註 3：投資人要注意，雖然股票質押貸款利率較融資券來得低，
　　　卻仍比一般質押借款來得高。

表1　股票質押貸款買進第一金，6年可領16萬元股利

年度	成本單價（元）	股數（股）
2013.08	17.00	29,000
2014.08	N/A	30,885
2015.08	N/A	33,046
2016.08	N/A	35,194
2017.08	N/A	36,777
2018.08（含當年配發的股票股利）	N/A	37,887
		合計

2013年～2018年持有第一金（2892）總成本與收益

項目	賣出股數（股）	賣出金額（元）
將買進部位及股票股利全賣出	37,887	871,401
只賣買進部位	29,000	667,000

註：1. 採用無條件捨去法計算；2.N/A 表示無資料；3. 賣出價以 2019 年 7 月股價 23 元計算；利率 3% 計算）1 萬 5,000 元 ×6 年＝ 60 萬 2,000 元；6. 收益率＝差額 ÷ 總成本 ×100%

　　雖然股票質押貸款看起來是優於融資買股，但要注意的是，股票質押貸款與融資買股一樣，都有斷頭的風險。也就是融資維持率低於 130% 時，銀行還是會進行斷頭的作業，只是股票質押貸款的評定時間與頻率，會與融資買股稍有不同。

貸款50萬元購入第一金（2892）29張

總成本（元）	現金股利（元）	現金（元）	股票股利（元）	股票（股）
493,000	0.45	13,050	0.65	1,885
N/A	0.50	15,442	0.70	2,161
N/A	0.70	23,132	0.65	2,148
N/A	0.95	33,435	0.45	1,583
N/A	1.20	44,134	0.20	735
N/A	0.90	33,762	0.10	375
		162,955	2.75	8,887

總收益（元）	總成本（元）	差額（元）	收益率（%）
1,034,356	602,000	432,356	71.82
829,955	602,000	227,955	37.87

4.總收益＝賣出金額＋6年現金股利總和；5.總成本＝貸款50萬元＋開辦費2,000元×6年＋利息（以

　　一般來說，對於融資買股，券商的維持率是即時計算，只要維持率低於130%，無法即時補足擔保品就會執行斷頭；而對於股票質押貸款，銀行則會在特定日重新評價（每季或半年，每家不同，但續約及更換擔保品時一定要重新評價），屆時若是維持率不足，就需要增提股票或還款。

當然，這是原則上的做法，若是設質的股票有營運上的風險，又或者遭遇如金融海嘯般系統性的崩盤時，銀行也是會即時通知，請投資人更換設質標的。

了解股票質押貸款和融資買股的差異後，我們繼續來看股票質押貸款。

就「股票質押貸款」來說，適合拿來抵押的股票，就是投資人已打定主意要長期持有，一段期間不會賣出。不然才剛質押，又想賣出，此時除了請券商解質外，有時還需額外負擔一些銀行代售出的費用。不過，並不是所有的上市（櫃）股票都可以設質，成交量太低、財務結構太薄弱（信用評等太低）的股票，通常無法當擔保品。

道理很簡單，既然股票質押貸款是以股票為擔保品，向金融機構借出擔保品價值一定比率的金額。故而對於擔保品的品質，銀行也會從眾多的角度去審視上市（櫃）企業的信用評等，評等較佳的企業，其融資的比率就會較高（通常多為擔保品市值的 5 成～ 6 成），而流動性太差或者信評不佳者、甚至出現曾違約的企業，不是成數降低，就是

無法當作擔保品。

因此，可作為股票質押的企業，通常就代表對銀行來說，為體質相對較佳的企業！這也表示，當投資人將手上持股讓銀行評估是否可作為擔保品卻被拒絕時，就須留意其是否為評等較低的企業，得多加評估是否值得長期投資了。

就現況來說，目前市場上承作股票質押貸款的銀行愈來愈少，尤其在券商也可以依投資人在該券商持股市值的一定比率內提供貸款下，少了質押的過程、撥款速度變快，投資人在資金使用上更靈活，且券商在維護成本上也較銀行為低，使得銀行端承作這類案件的意願更低了。

至於投資人何時將股票拿去質押最好呢？一般人的思維都是，股價好的時候再拿去質押，因為市值高，便代表著可以用極少的股數，借出同等的金額；抑或者同等數量的股票，可以借出較多的金額。

但我卻不這麼認為，股價高漲的股票，也就意味著已經或正在反映未來營運獲利成長的走勢，以企業營運必有循

環的角度來看，後續要繼續成長的挑戰與邁向衰退循環的機率相對較高。若在股價好的時候去質押，雖然得到的金額多，但同樣也代表未來要補擔保品或還款的機率較高。

因而我傾向在持股營運處在衰退並有轉向成長的趨勢時，進行質押，此時雖然借款的總金額會較低，或是需要較多的股數才能得到需要的資金，但後續能穩定的使用資金的機率也就相對較高了。

在資金得以穩定使用下，更能從容地等當股價反映營運獲利趨勢而上漲的時間。如上述第一金的例子，再投入同檔標的擴大獲利領息部位的效益也會較高，操作起來也會相對壓力較小一些。

最後提醒想透過貸款來進行投資操作的投資人，無論是用信用貸款投資，還是股票質押貸款投資，投資人除了注意還款來源外，對於貸款取得的資金，切勿再以融資的方式買進標的來擴大投資部位，或者將取得的股票再進行融資，以免操作的槓桿過度放大，當景氣反轉時，原本相對安全的操作反而變成壓倒自己財務狀況的最後一根稻草。

　　想要脫離經濟上的牢籠，就必須多要求自己一點、多堅持一點、少抱怨一點，除了想法上、行為上的改變，更應透過持續的學習與執行力，讓自己的財務狀況朝向正面的發展方向。投資不一定會讓人富有，但學會理財、財務資金調度，便不會面臨入不敷出的窘境。

4-5 儲蓄險投資》收益不高 但波動度相對低

在投資市場中，有收益分配的投資商品有很多種，股票、收益分配型基金、儲蓄險、定存是一般投資人最常接觸、也最常聽到的投資工具。

而自「存股」的投資方式被媒體大幅介紹後，很多人以為最好的、收益最佳的投資方式就是股票，基金或儲蓄險就常被批評得一文不值。

但事實上，無論是何種投資方式，都有人能從中獲得收穫，改善自己的財務結構，甚至致富；同樣的，也是有人在這些工具中跌倒。會造成這些不同的結果，問題絕不在於工具，而是在於投資人沒有正視自己的需求，選擇自己能夠做到，且切合需求的投資工具。

例如想要操作波動大，操作價差的投資工具，不選擇股

票、基金，卻選擇儲蓄險、定存；想要靈活的資金運用，不選擇變現較佳的股票、定存，卻選擇基金、儲蓄險。在工具本身條件就與需求不合下，自然無法有效的運用投資工具，來達到投資人投資的目的。

投資股票時，大多都會分散布局，以降低景氣循環，或是企業營運風險對整體收益的影響。整體的理財投資規畫也是一樣，不單只靠股票市場一個除權息的孳息收益，透過投資定存、債券型基金、儲蓄險等投資工具的多元化，也可讓收益除了 1 年 1 收外（雖目前法令已修改成可多次配息，但目前大多數企業仍維持 1 年 1 次配息），還能有每月收益、每季收益、半年收益，以及收益自行利滾利的多元收入（詳見圖1）。

雖然整個投資工具報酬率仍以股票的報酬率及資金效益最高，也偶爾會讓人有「為何不把所有的資金都放在股票市場」的考量，認為這樣不是可以在資金效益最大化下，快速累積資產？

是的，就當下報酬率的狀況來看，的確是個好主意，但

問題就在於我們無法知道下一秒市場的變化。依照投資工具在市場景氣循環下，資產波動與收益波動的幅度依序為股票、基金、定存及儲蓄險。若是全部資產都在股票，當景氣大幅反轉時，收益的穩定及資產市值的減損，可能就會讓人後悔怎麼沒趁多頭趕緊多元化布局了。

因此，從孳息收益來源多元化布局、投資工具的資金風險、波動度及投入資金損失壓力的多方角度來考量下，股票、基金、定存及儲蓄險雖然報酬率各自不同，但卻是在市場處在各階段的循環中，都可以將整體收益變成更穩定的投資工具。

儲蓄險適合「有節稅需求」的富人

股票、基金和定存大家都很熟悉了，這裡和大家聊聊儲蓄險。儲蓄險是以資產增值為主要目的的保單，那它究竟是保險？儲蓄？還是投資呢？

以保險角度來看，儲蓄險的主險是壽險，初期壽險金額會大於總投資金額，但到繳費期滿後的解約金會大於壽險

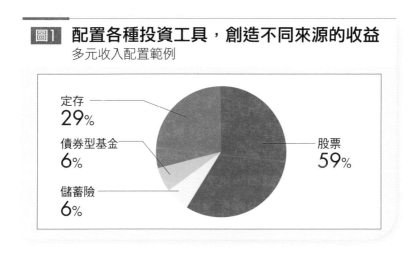

圖1　配置各種投資工具，創造不同來源的收益

多元收入配置範例

- 定存 29%
- 債券型基金 6%
- 儲蓄險 6%
- 股票 59%

金額，也就沒人在意這個壽險的額度了，故其保險成分其實不高。

就儲蓄的角度呢？儲蓄險的確具備強迫儲蓄的效果，畢竟沒繳滿，可是會有不小的損失。

就投資的角度而言，儲蓄險的利率多為新台幣1.5%或美元2.4%～3%，其實都遠遠不如一家企業的股息殖利率，但仍是聊勝於無。且若是金額夠大，例如每年只需要50萬元的生活資金，手上又有3,400萬元的閒置資金，那每

年可以分配 1.5% 的儲蓄險就相當適合了，且未來還可有節稅效果（雖然自己用不到）。

那有誰適合儲蓄險呢？答案是「有錢人」！怎樣算有錢人呢？錢多到有遺產稅困擾的投資人，也就是有節稅需求者，才是真正適合這產品。至於一般小老百姓呢？若是屬於資金不多或是才剛開始進入投資市場的投資人，則不太建議從儲蓄險著手，因為從儲蓄險的缺點來看（詳見補充知識），這的確是個拖慢投資人累積資產的金融商品。

我之所以會踏進儲蓄險的領域，單純是因為遇到一個堪稱家庭危機的緊急狀況，因為牽涉到家中太座的工作壓力與心情。當時太座仍在銀行工作，遇到保險業績無法如期達標的狀況，若沒達標就需要加班 call 客找業績，這將會影響太座的身心狀態，進而影響家庭生活的舒適。

某天太座突然開口問：「我們能買儲蓄險嗎？」雖然她只是隨口一問，我還是花時間認真地思考（畢竟理財投資不僅是要改善家人的生活條件，也要照顧身心狀況）。而當下首要任務就是全面盤點現有資金的狀況，看是否有多

補充知識 **購買儲蓄險須留意 3 要點**

購買儲蓄險時，須留意以下 3 要點：

1. 繳款期間的解約損失：儲蓄險若在繳款期間解約，投入的資金是會有損失的（保險公司稱之行政費用），也就是拿回來的金額會小於繳納的金額。

2. 保障低：儲蓄險的主險為壽險，保障低且費用高，其保障的內容只有人往生後，繼承人能拿到的錢，實在不是個很實用的保單。

3. 資金效益率低：若投資人投入的是 20 年期的儲蓄險，那就必須 20 年間不斷的投入資金，無法應用。即使可以將儲蓄險的保單拿去質借，但額度及利率條件通常都不令人滿意。

此外，雖然儲蓄險在持有一定期間後可以減額繳清，或者繳款期間可以先暫停繳款，但都得有 1 筆不小的資金被限制著，不得使用，若是沒想清楚的投資人，就容易在這部分的布局，感受到挫折感。

但是只要度過繳款期，拿回來的資金「一定」會大於繳納的原幣資金。這裡說「原幣」是因為外幣計價的產品，若換回新台幣時，就還有一個匯兌的差額。

當新台幣升值時，會有匯兌損失；反之，則有匯兌收益（有沒有把自己變成一家外銷公司的感覺）。

的資金來進行這項投資。

　　此時長期以來的記帳顯現出功能，在資產一欄中看到放在銀行定存的「備用金」。在備用金已有多準備下，以當時銀行定存利率約 1.7% 左右來說，和當時 3% 以上的美元儲蓄險相形之下，其資金收益就比定存來得高，加上當時有部分投資資金同樣以零成本存股的概念去操作美元計價的債券型基金，本就有相當的美元獲利部位及每年的美元配息，因此規畫用債券投資部位的獲利、孳息及股票投資部位中部分的現金股利部位為主，構築符合太座業績需要的美元部位，在動用極少備用金作為投資新資金的情況下，便完成儲蓄險的投資部位（詳見圖 2）。

儲蓄險分為每年給息與到期一次給付

　　一般來說，常遇到的儲蓄險分為 2 種，一種為每年給息，另一種是到期一次給付，孰好孰壞，全視個人需求。若是想要每年有筆固定收益當生活資金者，每年給息當然是首選；但若是像我這樣，只想要把一部分「用不完的孳息收益」，找個利率比定存息高，但波動卻極小的地方，讓這

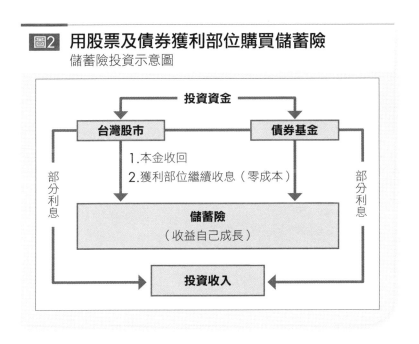

圖2 **用股票及債券獲利部位購買儲蓄險**
儲蓄險投資示意圖

筆資金可以「不需管理，又可較穩定增加」，則在此情況下，到期一次給付比較適合我。

以我購買的美元儲蓄險（繳款期間 6 年）為例，這產品為到期 1 次領回型的美元計價儲蓄險。以該美元儲蓄險的試算表來看，第 22 年至 23 年時投入的資金可以翻倍，因此我規畫 22 年至 23 年內不會用到的閒置資金。

　　看好喔！是 22 年至 23 年都用不到的閒置資金，不是 6
年或 10 年，原因很簡單，就單純想賺 1 倍再領回而已。
而我用的資金為投資獲利部位及每年的孳息資金，算是閒
置資金的再閒置資金，可說是很難會去動用到的資金了。

　　當然，儲蓄險對我來說真的純粹就是「做業績」，畢竟
以我個人的理財投資布局，這塊的效益著實不高。

Note

後記 理財投資 是人生的一門重要課題

投資永遠存在著「資訊不對稱」，別說散戶投資人很難拿到第一手資料，更多時候，都是處於「最後一隻老鼠」的狀態。很多人會告訴你要學習大戶思維、主力操作，但說真的，自己都沒成為大戶、也從沒成為主力，是要怎麼深刻體驗？

身為散戶投資人，與其老想著怎麼把自己裝扮成大尾巴狼，不如好好正視自己擁有的資源，以有限資源創造最大化收益。所以我從不把自己當成大戶、主力、外資什麼的，我就是個散戶。

散戶的特質是什麼？主要有三：1. 資金有限、2. 資訊有限、3. 投資不是主業。而身為散戶的我，在投資上能做的是什麼？主要有三：1. 充實投資經驗；2. 廣蒐並整理資訊；3. 把握獲利機會、鎖住獲利、擴大收益。

　　想要完成一項計畫，除了知識、經驗的累積外，強烈達成的欲望非常重要。雖說錢不是萬能，但沒錢卻是萬萬不能。無論多麼淡泊名利，說個現實的問題，若沒錢，當家人有較高資金需要時（例如醫療），該怎麼辦？

　　我們不需要有花不完的錢，卻需要在要用錢時能有錢，也不是非要有媲美全球排名前幾名富豪的大筆財產，但卻希望當家人有所需、有所選擇時，例如小孩想培養技能、興趣，或是選擇校系、工作時，能夠不要被金錢束縛太多。

　　我們也對特權沒有特別的欲望，雖說若是意外降臨到自己身上，倒也不會特別排斥，只是我不希望當自己成為被選擇的選項時，大部分時間都是被遺棄的那一方（註1）。不可諱言地，回憶過去的生活，若是能夠有多那麼一些些資金，或許我們也能做出不同的選擇。

　　雖說往事只可追憶，對於過去也不用有太多遺憾，畢竟

註1：此處是指很多時候，會因為沒有足夠的資金，就得被迫放棄機會。

都是以當時能做到的程度為最佳決策；但對於未來，卻是可以多做些準備，未雨綢繆，而不是杞人憂天。

累積資產是每個人一生的重要課題，但這並不是無頭蒼蠅般地廣積糧。一項計畫的成功，從擬定、執行、調整，到最後的達成，過程中的每個階段，都必須要有一個明確的目標，而且這個目標還有可能要隨時調整，在萬事俱足的情況下才容易完成。

畢竟執行的過程會經歷多少的磨練，沒有人知道。但若沒有一個明確的目標、一種渴望，那投資人很容易就會流於 3 分鐘熱度，或者對於操作的方式三心二意了。一下子要長期投資、一下子又想做價差，要做價差時，因為捨不得，最後在股價波動下，又不得不長期投資了。不斷在長期投資和價差搖擺下，要如何建立投資操作的 SOP 呢？

我最初在規畫以領股息為主的投資方式時，主要的目的只是想要透過存股、股利再投入的方式，把在金融海嘯時賠掉的 200 多萬元存回來，且透過試算表可知，當存股具備一定規模後，其每年的股利收益即可望作為因應日常生

活所需的資金（詳見 1-2）。

為了可以較快累積資產，投入本金的總金額就要快速地累積，當時便以最低每月存下薪資收入 50% 為目標，也就是說，如果月薪資為 4 萬元，則每月要先存下 2 萬元（註2），而非扣除基本支出後的一半為目標，並求能存愈多愈好。因此，對於每筆支出就必須非常計較，在嚴苛地控管支出之下，每日的餐費幾乎都不超過 100 元，因此每月常能存下比原本計畫 50% 更多的資金。

而隨著逐漸看到存股效益後，為求能更快擴大投資的資金，除了跟銀行貸款外，更勇敢地跳槽到另外一家底薪雖較低、卻有業績獎金的公司，透過收入的增加來提高儲蓄金額。

雖然跳槽後，月收入因為業績獎金而增加，但開銷卻也跟著變多，在驚覺存下的金額並無同步成長時，更積極地

註 2：1-2 是從包含年終，年薪 60 萬元的角度試算，這裡則是每月實際的收入。

反省與調整，回歸更簡單、單純的生活，讓每月的支出回到原本水準，加速投資本金累積的速度。初期的資金來源，主要是透過嚴苛的支出控管，力求將每分錢都能確實地存下來，用在投資規畫上。

　　2012 年年底時，投資本金在股利收入、可支配所得及貸款持續投入下，總計累積約 380 萬元，當時的持股總市值已達 500 萬元以上。由於當時訂立了買房這個新目標，因此把投資本金直接以持股市值 500 萬元計算，股利收入及每月可支配所得不再投入投資資金，開始存買房頭期款的資金，以 4 年存到 500 萬元為目標。

　　雖然在 2014 年就買了預售屋，為求每期的工程款可以無虞，也就先從當時市值已達 1,200 多萬元的持股中，提出 300 萬元的部位因應（因為預售屋是定期繳納工程款，那 300 萬元就放著扣工程款），並順利在 2016 年累積到 500 萬元，完成了因應購置不動產的先期資金（房子一直到 2018 年 8 月才交屋）。

　　目前的新目標就是在打造第 1 個年領 50 萬元現金股利

的部位後，除了透過分散持股來穩固這筆股利收益外，最終目標就是以同樣的概念持續建置收息資產部位，讓每個家庭成員都有一個屬於自己的收息資產，作為因應各自人生每個階段的支出需求。

不過也別忘了，固然自己對資金的規畫有多麼嚴謹，都只能在掌控屬於自己的資產下，若是要擴及家人，可得先進行溝通，不然自己一股腦地、未經溝通就把另一半的資產也規畫進來，那可是要鬧家庭革命的。也許你會說，我是為這個家庭好啊！但那也只是「你認為」，只有雙方都認同的方式，才會是好的，所以就必須透過溝通，而不是獨斷，若能一起努力，當然速度會更快。不過，如果只一味地刻苦，卻放棄了享受生活，那這個投資路也很難長久走下去。

對於理財投資，從觀念理解到實際操作，打造穩健收息資產，投資人一定都可以從很多的地方獲得資訊、汲取經驗。但到底要賺多少才夠？則得視每個人的需求而異，有些人的目標是累積資產，有些人的目標是收取穩定股利，而不同的投資目的，就會有不同的思維與操作方式，當然，

操作方式也可能一樣，但這些都只是選擇上的不同，並不
會產生大問題。

　　對我來說，每年孳息要多少才夠用呢？基礎目標就是年
最低收益大於年總支出，且收益超額的年度還須適當地進
行一些資金規畫，如此才能在多變的生活中，真正放心領
息過生活。

　　同時，在每個家庭成員都擁有屬於自己的收息資產，孳
息得以支應各自的支出下，家庭的可支配所得也獲得提升，
讓整體收支款項的掌握度更高。

　　在多聽、多看、多向人請教有關投資操作的過程中，投
資人仍得做出取捨的選擇，因為貪多嚼不爛，按部就班累
積投資與財經知識，落實自己的操作原則與紀律，才能逐
步達成目標。

　　理財投資是人生的一門重要課題，可以說，每個人一出
生，一個家庭的財務狀況就開始發生變化，在每位家庭成
員的成長變化下，對財務的規畫與需求都會跟著改變。

　　而理財投資要做得成功、長久，跟每位家庭成員都脫離不了關係，以我自己為例，理財投資之所以至目前能有所小成，也是因為自祖父輩、父母親都沒有留下什麼債務，且對於自身的財務也相當重視，耳濡目染下，也對財務有些基礎的概念。

　　太座的原生家庭成員，對自身財務亦相當謹慎，加上我們雙方的兄弟姊妹也都沒有財務狀況，諸多的條件促成之下，才使得自己的理財投資可以從零開始，而不是從負債開始。

　　同樣的，如果我們自身都能好好照顧好自己的財務狀況，也不會對自己的下一代、周遭的親朋好友造成困擾，讓大家都能在投資理財的道路上，穩健前進。

　　在投資市場中，我們無法影響股票價格的漲與跌，也無法知道市場何時會拉抬或砍殺股票，進而影響價格的走勢，但我們可以挑選自己能安心持有的標的。

　　這個安心不需要建立在虛無飄渺的人性上，既然市場對

於企業未來營運獲利走勢相當重視，那就挑選營運獲利能夠處在成長的企業，並加以持有，畢竟若市場仍是有重視企業未來營運獲利走勢的投資人、投資機構，資金自然就會挪移到這類標的上，價格自然會上揚。而當股價已經反映其價值，甚至超乎我們認知的價值時，投資人該獲利入袋？還是持續持有？

這時投資人就可以回歸本心靜思，為什麼進入投資市場？要在投資市場取得什麼？怎樣的操作，可以讓自己的生活資金更充足、提高生活品質？怎樣的操作，可以讓自己心無波瀾、安心處在投資環境中？只要想通這些，就不會去計較 1 元、2 元的買進價，也不會在意股票賣出後是否又再漲了 10%、20%，甚至 1 倍。因為我們已經按著自己的投資計畫，達到目標。

就如同 Chapter 1 提到的範例──裕民（2606），從買進到知道配息後調整股利收益，不知道股價何時會發動，之後股價上漲到 60 元以上，陸續取回本金、部分獲利，建置獲利領息部位。再到股價突破 80 元後，獲利領息部位持續賣出。至於股價何時到頭？不知道！

　　即使一路被甩轎，但被甩總比套牢好，只要符合自己投資操作的紀律與原則，即使被甩在起漲點又如何？因為這筆投資部位，在有買、有賣的操作下，除了每年從價差貢獻百萬元的家庭生活資金外，在投資本金不變下，持續進行資金重分配，使持股總市值及現金股利在獲利領息部位的持續上升下，得以穩定的成長。因此我們可以知道，即使投資的是比較保守的標的，在有基礎的營運獲利下，股價仍可以有爆發的機會。

　　所以投資人要選擇營運獲利穩定的標的，股價沒表現時領息、股價表現時賺價差？還是跟著市場題材隨波而上，不管基本面？這兩者投資方式沒有對錯，關鍵是投資人選擇哪一個，只要你確定，可以勇於承擔投資的結果即可。因此，投資，不是是非題，而是選擇題。

國家圖書館出版品預行編目資料

我的零成本存股術. 2：獲利滾存股 養出百萬搖錢樹/
星風雪語(星大)著. -- 一版. -- 臺北市：Smart智富文
化, 城邦文化事業股份有限公司, 2021.11
　　面；　公分
ISBN 978-986-06874-6-0(平裝)

1.股票投資 2.投資技術 3.投資分析

563.53　　　　　　　　　　　　　110017143

Smart 智富

我的零成本存股術2：獲利滾存股 養出百萬搖錢樹

作者	星風雪語（星大）
企畫	周明欣

商周集團
榮譽發行人	金惟純
執行長	郭奕伶
總經理	朱紀中

Smart 智富
社長	林正峰（兼總編輯）
副總監	楊巧鈴
編輯	邱慧真、胡定豪、施茵曼、陳婕妤、陳婉庭、劉鈺雯
協力編輯	曾品睿
資深主任設計	張麗珍
版面構成	林美玲、廖洲文、廖彥嘉

出版	Smart 智富
地址	104 台北市中山區民生東路二段 141 號 4 樓
網站	smart.businessweekly.com.tw
客戶服務專線	（02）2510-8888
客戶服務傳真	（02）2503-5868
發行	英屬蓋曼群島商家庭傳媒股份有限公司城邦分公司

製版印刷	科樂印刷事業股份有限公司
初版一刷	2021 年 11 月
ISBN	978-986-06874-6-0

 **讀者服務卡**

WBSI0107A1
《我的零成本存股術2：獲利滾存股 養出百萬搖錢樹》

為了提供您更優質的服務，《Smart 智富》會不定期提供您最新的出版訊息、優惠通知及活動消息。請您提起筆來，馬上填寫本回函！填寫完畢後，免貼郵票，請直接寄回本公司或傳真回覆。Smart 傳真專線：（02）2500-1956

1. 您若同意 Smart 智富透過電子郵件，提供最新的活動訊息與出版品介紹，請留下
   電子郵件信箱：_____

2. 您購買本書的地點為：□超商，例：7-11、全家
   　　　　　　　　　　□連鎖書店，例：金石堂、誠品
   　　　　　　　　　　□網路書店，例：博客來、金石堂網路書店
   　　　　　　　　　　□量販店，例：家樂福、大潤發、愛買
   　　　　　　　　　　□一般書店

3. 您最常閱讀 Smart 智富哪一種出版品？
   □ Smart 智富月刊（每月 1 日出刊）　　□ Smart 叢書　　□ Smart DVD

4. 您有參加過 Smart 智富的實體活動課程嗎？　□有參加　　□沒興趣　　□考慮中
   或對課程活動有任何建議或需要改進事宜：_____

5. 您希望加強對何種投資理財工具做更深入的了解？
   □現股交易　　□當沖　　□期貨　　□權證　　□選擇權　　□房地產
   □海外基金　　□國內基金　　□其他：_____

6. 對本書內容、編排或其他產品、活動，有需要改善的事項，歡迎告訴我們，如希望 Smart
   提供其他新的服務，也請讓我們知道：_____

您的基本資料：（請詳細填寫下列基本資料，本刊對個人資料均予保密，謝謝）

姓名：	性別：□男　□女
出生年份：	聯絡電話：
通訊地址：	

從事產業：□軍人　□公教　□農業　□傳產業　□科技業　□服務業　□自營商　□家管

您也可以掃描右方 QR
Code、回傳電子表單，
提供您寶貴的意見。

想知道 Smart 智富各項課
程最新消息，快加入 Smart
自學網 Line@。

104 台北市民生東路 2 段 141 號 4 樓

行銷部 收

●請沿著虛線對摺，謝謝。

書號：WBSI0107A1
書名：我的零成本存股術2：
　　　獲利滾存股 養出百萬搖錢樹